大科学家的小故事

牛顿

苏爱风 编

苏州大学出版社
Soochow University Press

图书在版编目(CIP)数据

牛顿/苏爱风编. —苏州：苏州大学出版社，2012.6 (2014.9 重印)
(大科学家的小故事/王建成，吴文智主编)
ISBN 978-7-5672-0093-7

Ⅰ.①牛… Ⅱ.①苏… Ⅲ.①牛顿，I.(1642～1727)—生平事迹—青年读物②牛顿，I.(1642～1727)—生平事迹—少年读物 Ⅳ.①K835.616.11—49

中国版本图书馆 CIP 数据核字(2012)第 102699 号

牛　顿　　大科学家的小故事

编　　者　苏爱风
丛书策划　李寿春
责任编辑　李　兵
装帧设计　刘　俊
出版发行　苏州大学出版社
地　　址　苏州市十梓街 1 号
邮　　编　215006
电　　话　0512-65225020　65222617(传真)
网　　址　http://www.sudapress.com
印　　刷　南通印刷总厂有限公司
开　　本　850 mm×1 168 mm　1/32　印张 5.875　字数 145 千
版　　次　2012 年 6 月第 1 版　2014 年 9 月第 3 次印刷
书　　号　ISBN 978-7-5672-0093-7
定　　价　12.00 元

序……

勒格罗在法布尔的传记《敬畏生命》中写道："每一个时代总是会有那么一些具有特殊才能的人们，以他们不朽的贡献在人类进步的过程中留下值得纪念的一笔。特别是那些在某些领域里开拓出新的境界的人们，更加值得我们怀念。对于他们这样的人杰，单单只是抱着一种敬仰的态度显然是不够的。如果能够将人们对他们的怀念虔诚地搜集起来，无疑可以对后世起到一种教育和楷模的作用。"

他们生活在不同的年代，奋斗在不同的科研领域，经历过成功的喜悦，也遭受过失败的痛苦，最终，他们的研究促进了人类社会的进步，赢得了历史的认可。因此，在后人的眼中，那些著名科学家往往是传奇般的英雄。他们总是废寝忘食地工作在远离人间烟火的实验室里，做事也是一板一眼，仿佛与风趣幽默沾不上边。

确实，科学是严谨的、深奥的，科学家是寂寞的，和科学家们打交道最多的也是实验室以及实验数据。他们性格不同，背景迥异，却无不具备细致入微的观察力，坚韧不拔的毅力，无比深邃的科学思想，可歌可泣的奉献精神。他们就像神探福尔摩斯一样，在大自然的蛛丝马迹中探寻人类未知的宇宙间的秘密。他们发明和发现的道路如同原始森林中的崎岖小径，一波三折，跌宕起伏，丰富多彩。从书中一个个生动的故事为我们破解了一位位科学巨人成功的奥秘。从这个意义上说，科学家的生活又是迷人的。

牛顿非常勤奋，他一生中的绝大部分时间是在实验室里度过的，他常通宵达旦地做实验，有时一连六个星期都在实验室工作，不分昼夜，直到把实验做完为止。

达尔文从小就喜欢花草树木、鸟雀虫鱼。上学以后，他仍然保持着对大自然的浓厚兴趣。他骑马、打猎、钓鱼、采集矿石、捕捉昆虫、钻进树林观察鸟类的习性。对达尔文来说，整个世界就是一个大问号，要探索、思考的事情实在太多了。

爱迪生从小就对很多事物感到好奇，喜欢亲自去试验，直到明白了其中的道理为止。长大以后，他就根据自己这方面的兴趣，一心一意从事研究和发明。他在新泽西州建立了一个实验室，一生的发明共计两千余种。

居里夫人的大半生都是清贫的，提取镭的艰苦过程是在简陋的条件下完成的。居里夫妇拒绝为他们的任何发现申请专利，为的是让每个人都能自由地利用他们的发现。

一个爱说废话却不用功的青年，整天缠着爱因斯坦，要他公开成功的秘诀。爱因斯坦写了一个公式给他：

$$A = x + y + z$$

爱因斯坦解释道："A 代表成功，x 代表艰苦的劳动，y 代表正确的方法……""z 代表什么？"青年迫不及待地问。"代表少说废话。"爱因斯坦说。

这是一套引人入胜、让读者受益无穷的丛书，在轻松的故事叙述中阐释深刻的哲理，引导青少年步入科学殿堂。丛书不仅介绍了科学家的人格、所处的社会和时代、思想历程，还阐述了科学家的科学发现与技术发明的基本知识及其意义，引导青少年认识科学研究的过程、方法和基本原则。同时，考虑到丛书面向的是青少年读者群，编写者有意跳过那些深奥难懂的技术细节，在对这些大科学家别样人生的讲述中，注重诠释科学精神，展现大家风采，激励读者登攀。

目录 Contents

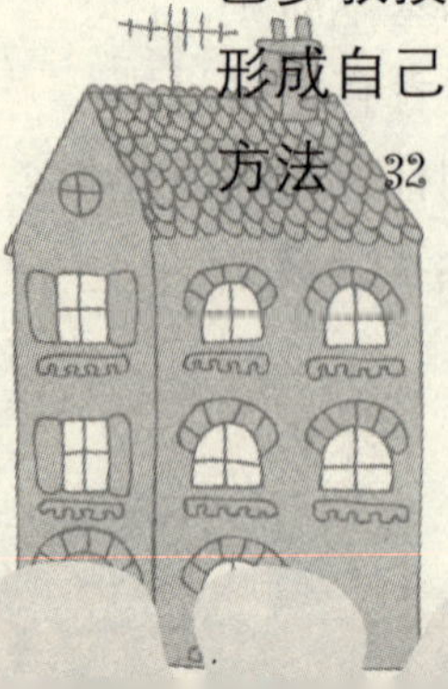

6 真实的牛顿

7 科学家的生活

8 牛顿之最

9 牛顿与我们

10 巨星的光芒

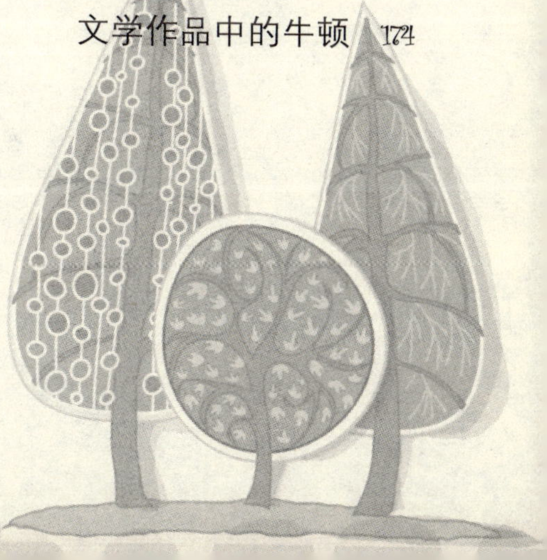

并不幸福的童年

- 我并无特别过人的智慧，有的只是坚持不懈的思索而已。
- 无知识的热心，犹如在黑暗中远征。

在中小学教科书中，同学们肯定不止一次接触到牛顿这一非同凡响的名字。正如人们所熟知的那样，他是迄今历史上最伟大的物理学家、天文学家、数学家、自然哲学家、神学家之一。纵观古今中外所有的“家”们，能集如此众多的“家”于一身的，只有牛顿一人。不但空前，而且必将绝后，因为现代科学的分支越来越细，研究越来越深，在任何一个领域想要成为“家”都得穷其一生才行。牛顿提出了万有引力定律、力学三大定律、白光由各色光组成的理论，并开创了微积分学，等等。在迈克尔·怀特所著的《100 位杰出人物》一书中，艾萨克·牛顿（1642—1727）名列第二，排在穆罕默德之后，耶稣基督之前。可以说，牛顿所取得的科学成就是人类有史以来独一无二的。

圣诞节降临的孩子

儒略历 1642 年的圣诞节（英国当时用儒略历，与当时欧洲大陆用格里历不同。依照格里历也就是现在通用的公元纪年的算法，应该是 1643 年 1 月 4 日），英国林肯郡格兰森姆镇南面的一个名叫伍尔索普的小村子里，天还没亮，已经有一个生命发出了他的第一声呼喊，不过这声音不像其他孩

子喊出的那么洪亮，因为这是一个早产儿，非常虚弱。但他在日后发出的声音却振聋发聩，一直影响到现在。这个孩子就是牛顿。

牛顿出生前3个月，他的爸爸就因染上肺炎不幸去世了。因此，当牛顿于圣诞节来到人间时，刚刚经历丧夫之痛的妈妈汉娜·牛顿不禁落下泪来。可怜的孩子啊，生下来就没有了父亲，生得又这样弱小，这就是上帝给我的圣诞节礼物吗？

“汉娜，给孩子取个名字吧！”孩子的外祖母对女儿说。

“艾萨克！”汉娜此时只能想到这个名字，这是孩子爸爸的名字。孩子的舅舅威廉·艾斯考夫是个牧师，在剑桥大学接受过教育，是村里很有文化的人。他曾建议，若是个男孩子，就让他叫孩子爸爸的名字——艾萨克。这个新生儿又瘦又小，身体虚弱，看起来不大可能养得活。牛顿本人在晚年回忆时说：“我刚出生时十分瘦小，装在一只夸脱罐里都绰绰有余，当时我的体质也很差，很难想象我可以活得下来。”夸脱罐的容积不满一升，由此我们可以想象出这名婴儿该有多么孱弱了。接生婆和他的亲人都担心他能否活下来。村子里传说，两位派去给新生儿取药的老婆婆拿到药后坐在院里的台阶上休息，并没有马上去给孩子用药。她们没有想到孩子会活下来，更不会想到这个看起来这么瘦弱的小东西竟会活到84岁高龄，并且成为一位举世震惊的科学巨人，改写了人类的历史。

牛顿一家居住的村庄，和当时的很多英国家庭一样，是通过养羊发家致富的。他的父亲并没有受过什么教育，连自己的名字都不会写。这样的成长背景似乎根本不可能孕育出一位全世界有史以来最伟大的科学天才。然而事实却是，英国偏僻乡村圣诞节诞生的这个孩子不仅影响了全英国，还影响了全人类，他是圣诞老人送给人类的礼物。

妈妈改嫁了

牛顿出生的小村庄，当时只有没落的庄园主留下来的一座荒芜庄园和几十户农家。小村庄处于山谷地带，周围有一圈小山，重峦叠嶂，将村子环抱起来，有一条小河——威沙姆河缓缓地流过村旁，给村民们送来清澈的饮用水。村子依山傍水，土地肥沃，放眼望去，到处都是随风摇曳的花草树木，充满原始的自然风味。

牛顿的妈妈汉娜就是在这个村子长大的，丈夫去世后，她又回到了娘家，和母亲一起生活。她性格刚强，吃苦耐劳。为了生活，牛顿刚出生不久，她就开始下地劳动了。她自己种着几亩地，同时还养了好些牛和羊。白天，她要到地里去收拾那几亩地，回到家又要忙着喂牲口，准备饲料，打扫牛栏、羊栏，同时还要忙着挤牛奶、剪羊毛，然后拿到集市上去换几个钱。晚上，她在灯下为小牛顿做衣裳，每天都要忙到很晚。早晨又是照例的忙碌，小牛顿就全靠外祖母照顾。牛顿的外祖母是一个和善的老人，她对这个小外孙十分疼爱。

可想而知，这样的生活是十分清苦的。牛顿 3 岁的时候，有一天，在家里照顾牛顿的外祖母正在帮着收拾家务，有个人走了进来，与老人寒暄之后，提出要给汉娜做媒。她说邻近牧区的一个老牧师巴纳巴斯·史密斯托她来给汉娜做媒。

老太太是既高兴又忧虑。她的女儿再能干，也不能永远一个人支撑一个家啊！况且女儿才35岁，还很年轻，怎能忍心让她守一辈子寡呢？可是要是汉娜改嫁，祖孙二人的日子难过不说，小牛顿还会在失去父爱的同时失去母爱。

汉娜从地里回来听说此事后，本能地不愿意，她已经习惯了这样的生活，虽然很苦，但看着一天一天长大的孩子，再苦再累也不觉得。但在母亲的劝说下，她终于意识到自己撑不下去了。晚上熄灯躺下后，汉娜睡不着了，各种想法在脑子里翻腾起来，像是大坝突然断开了一样。

第二天傍晚，她的哥哥艾斯考夫牧师回来了。汉娜想找哥哥商量，恰巧哥哥正是为此事而来。原来史密斯牧师跟艾斯考夫牧师很熟，史密斯托他劝劝汉娜，并答应只要汉娜不带着孩子嫁过去，他愿意割让一块年租金有50英镑收入的土地。

汉娜的哥哥说："有了这笔收入，再加上家里土地的收入，妈妈和小牛顿就没什么后顾之忧了，你也不用再操劳全家的事，过苦日子了。”

“我听提亲的人说，”沉默了一会儿，汉娜的母亲接着说道，“史密斯牧师是个庄园主，以前的妻子没给他生下孩子。”

“是啊！”艾斯考夫牧师说，“他现在年纪越来越大了，就盼着有个孩子。所以他希望汉娜早点嫁过去。汉娜嫁了他，今后就什么都不用愁了。”

“可是，”汉娜说，“小艾萨克怎么办呢？”

“孩子，艾萨克交给我你还不放心吗？我从他一出生就带着他，看着他从一个小可怜慢慢长成一个可爱的孩子，我跟他的感情比你跟他的还要深呢！别担心，我们什么都用不着你惦记。史密斯牧师家离这里又不远，你要是想孩子，就常回来看看他。”

汉娜无话可说，她转过头看看小艾萨克，泪珠一串一串地往下掉。

就这样，小牛顿刚刚过了 3 岁生日，妈妈就离开了他。小牛顿还不明白妈妈要去哪儿，也不懂妈妈走的时候为什么要抱着他大哭。在他心目中，妈妈就像平时白天要出去，晚上就会回来一样。

然而，妈妈晚上没有回来，没有在他睡觉前温柔地亲一下他的额头。更让他失望的是已经好几天见不到妈妈了，可外祖母看上去一点也不着急。他想妈妈了。他跟外祖母要妈妈，外祖母只是外祖母，虽然她会照顾他，可他也需要妈妈。

牛顿这时虽然还不懂事，但是，已知道了什么是孤寂。他开始哭闹，希望能唤来妈妈，但妈妈没有来，唤来的只是外祖母的眼泪。时间长了，小牛顿知道妈妈不会再回来了，他不再哭闹了。他一声不吭地忙自己的事情，一玩就是几个小时，好像忘记了周围的一切。他很少说话，不爱笑，也不爱哭，遇事时表情漠然。他整天待在一个地方托着下巴一声不吭地沉思着，好像在想什么重大事情一样。

大自然的孩子

没有父爱母爱的滋养，小牛顿很少跟人交流。等到牛顿再长大点时，他就经常跑出去玩。有时他跑到河边去看静静流淌的河水，看河水中随波逐流的树叶和花瓣，有时他也会跑到山上的小树林中去。牛顿喜欢观察自然，对小山村美丽变幻的四季着了迷，从中找到了自己的乐趣。

很快，牛顿到上学的年龄了，可是他长得瘦小，体质又弱，所以不能像同年龄的孩子一样，背着书包去接受学校教育，于是他在大自然中，过着无忧无虑的真正属于他自己的日子。

本来朋友就少的牛顿早已习惯了孤独，根本就不想交任何朋友。他的外祖母是他身边最亲近的人，可是他脑海里的乐趣与幻想，她永远也不会理解。所以，小牛顿喜欢独享他自认为有意思的生活。也许在别人眼里，他是个可怜的人，没人陪伴，老是独来独往，可是在他自己的内心世界里，那丰富多彩的世界总是如万花筒般涌现出让他陶醉的景象。他不是在忍受孤独，而是在享受孤独。

他喜欢四处乱跑，这是他的自由，那时仿佛整个世界都属于他一个人。他会跑到田野，那里有泥土与庄稼的清香。四季的变换让小牛顿感到那别人看起来非常单调的生活充满鲜活的色彩。

有时，他会来到小树林里，在树影中静静地躺上一会儿，天马行空地想上一会儿。小树林里有着清新的空气，一棵棵嫩绿的小树整齐地排列着，让人赏心悦目。一切都是那样安静，让小牛顿的思想都要跳动起来发出声音了。

有时，他还会来到垂柳掩映的小河边。天气特别好的时候，会有闪亮的阳光洒在河面上。河水清澈见底，河底随意地躺着一些鹅卵石，有些地方会长出漂亮的植物，还有像小牛顿一样自由自在的鱼儿在游着。

一天，小牛顿终于忍不住下到河里去玩。他拾起几块光洁的石头，又抓起几根水里的植物仔细欣赏，探究它们的奇妙形状。他还奢望抓到几条小鱼。这是一个孩子的好奇心，他想和小鱼说话。可是小鱼很不听话，它们并不想傻乎乎地和人有什么交流，它们更喜欢自己一成不变的生活方式，更喜欢自己游来游去，寻找更广阔的生存空间。

小牛顿抓不到一条小鱼，可并不甘心。他学着大人的样子，到小树林中找到一根比较直的长木棍，在一端系上一根

结实的绳子，绳子的末端拴着一个牛顿自己做的弯钩。小牛顿抓来几条蚯蚓做鱼饵，把鱼饵挂在鱼钩上。他把鱼线甩到了河里，在岸边握着鱼竿静静地等待，睁大眼睛仔细观察河里的动静。

半个多小时过去了，鱼竿还没有什么反应。小牛顿一直屏住呼吸，他听到了蛙鸣声，听到了树叶的摆动声音，这么静，他甚至闻到了空气的味道。鱼饵是不是已经被狡猾的鱼吃掉了？小牛顿有些疑惑，但他终于还是没有动，他相信自己一定会钓上鱼来。突然，鱼竿猛地一沉，小牛顿一阵惊喜，一定有个贪吃的鱼儿上钩了。他兴奋地站了起来，握紧鱼竿，猛地往后一扬，一条中等大小的鱼就随之飞到了半空中！小牛顿好不容易才把活蹦乱跳的鱼从鱼钩上摘下来。他心里充满了一种新奇的喜悦感，把小鱼放到一个小桶里，还来不及仔细观察它，就急着去捕捉更多更大的鱼了。他只钓了3条鱼，可他还是兴奋极了。他欣喜地观察着那些小鱼，心想这下子你们可跑不了了，老老实实地让我瞧个够吧。

小牛顿目不转睛地看着小鱼，那样好奇，那样入神，转眼已经过去了很长时间。小牛顿几乎忘了吃饭，后来他隐约听见了外祖母的呼唤声："艾萨克，艾萨克，该吃饭了！"

小牛顿还没看够呢，可他还是听话地收拾起自己的东西，拎着水桶回家去了。

小牛顿是一个爱四处玩耍的孩子，然而他不是一个普通的孩子。他的特质、他的爱好与这种放松的环境结合在一起，才使牛顿成为世上独一无二的牛顿。

小牛顿是个孤独内向的孩子，我们不得不承认这是缺点，影响了他和别人的交流。再加上他所处的林肯郡，农耕家庭长久地过着简朴的生活，他们畏惧上帝，把生活重心放在阅读《圣经》和节制欲念上。在这样一种清教徒的家庭环境中长大，更是养成了他拘谨刻板的个性。在周围人的眼里，他不苟言笑、沉默寡言。然而幸好牛顿童年的生长环境是纯净的大自然，他的天性里又有着对大自然的无限热爱。这种内向性格与热爱大自然的天性结合起来，便又有了优势，那就是他能够热爱自然，喜欢、希望去探究自然的奥秘。

就这样，生长在大自然的怀抱中，经常观察自然现象，牛顿养成了勤于思考的习惯，凡事都想研究个明白，这种好奇心也为他日后的研究工作奠定了良好的基础。

成绩一般的学生

一谈到牛顿，人们可能认为他小时候一定是个像莫扎特那样的“神童”、“天才”，有着非凡的智力。其实不然，牛顿童年身体瘦弱，头脑并不聪明。在家乡读书的时候，牛顿也并不用功，在班里的学习成绩属于次等。

大约从 8 岁开始，牛顿被送到公立学校读书。刚开始，他在村子里的小学校上学。幼年的牛顿，并不是一个聪明活泼的孩子，他看起来资质平常，没有什么与众不同的地方。由于从没有得到父亲的教导，又长年得不到母亲的呵护，他养成了胆小、腼腆、孤僻的性格。他不喜欢跟别的孩子们一起玩耍。他好像一直都是个独来独往、不讨人喜欢的孩子。在学校里，他学习非常吃力，成绩很差，常常被列入劣等。虽然老师对这个可怜的孤儿十分同情和关怀，但同学们却常常歧视他，欺负他。他习惯了同学们的冷淡。在受到欺侮时，他总是像老鼠怕猫似的，赶快远远地躲开。惹急了，他也会争吵和打斗，有时是别的孩子欺负他，有时是他主动挑起事端。牛顿记得自己曾在一个男生的帽子里扎了一枚别针，想刺痛那个平时老是欺负自己的男孩。他不喜欢学校的生活，天天一上课就希望赶快下课，自己好去村边的小河旁玩耍或者做自己的小玩具。一直到他后来把自己做的小机械拿到学校里来，得到同学们甚至是老师的称赞，小牛顿才树立起自信心，找到了上学的乐趣。

有一天，牛顿把自己做的小水车拿到学校给同学们看。漂亮的小水车一下子吸引了小朋友们的眼球。他们一边看，一边啧啧称赞："真想不到，这个考试总不及格的牛顿，还能做出这么精巧的玩意儿!"不过，也有些同学不相信这是牛顿自己做的。正当同学们议论纷纷的时候，一个学习成绩一贯优良因而十分骄傲的学生跑过来了。他盛气凌人，夺过小水车，只看了两眼，然后把嘴一撇，轻蔑地讥讽说："你的手倒还灵巧，当一个木匠还算可以。可是我问你，这水车为什么能够转动？你能把这个道理给我们讲一讲吗？"这可给牛顿出了个难题。由于平时功课学得不好，他实在难以回答这个问题，一时窘得面红耳赤。那个不可一世的学生，好像取得什么巨大胜利似的，带头起哄。他把水车扔在地上使劲地踢，把好好的水车给弄坏了。牛顿气愤到了极点，他忍无可忍，第一次反抗起来。他不顾自己身体孱弱，握紧了小拳头，用力朝那个领头欺负他的同学打过去。他连哭带叫，发狂似地把那个同学打得头破血流。牛顿的举动，使周围的同学十分惊讶。说也奇怪，这一次反抗，竟然改变了同学们对他的态度。从此，再没有人敢去欺侮他了。这小小的胜利，使牛顿自己也发生了明显的变化，从此他不再怯懦与自卑，那迟钝麻木的心灵也激动起来了。但是，牛顿知道，要改变同学们轻视自己的境况，打架并不是一个好办法，只有在学习上赶上去才行。于是，他开始积极参加学校的一切活动，发奋学习，努力使各门功课的成绩都达到优秀。在课堂上，他集中精力听讲，跟随着老师的讲授思考问题。在课后，他一丝不苟地认真完成作业。有时候，一道数学题要想出好几种解答方法才肯罢休。就是在礼拜日和其他节假日里，牛顿也要利用一些时间补习功课。这样，他的功课逐渐好了起来，不少同学开始佩服起他来。

小镇上的发明家

牛顿 11 岁的时候，他的继父巴纳巴斯·史密斯去世，母亲汉娜带着第二次婚姻留下的三个幼小的子女回到了伍尔索普，和牛顿生活在一起。不久之后，曾在一家乡村日间小学校上学的牛顿开始在附近的格兰森姆（Grantham）镇上的语法学校（相当于提供初等教育的学校）接受正规教育。由于离家较远，他在当地是寄宿在药剂师（既从事配药工作，也是执业医师）克拉克先生的家里的。房东克拉克先生平易近人，热情开朗，牛顿可以在他身旁看他工作和提出问题，从而给了牛顿早期的化学概念，也给了他自行做试验的机会。

小牛顿虽然上学成绩不好，但他的兴趣却很广泛，游戏的本领也比一般儿童高。平时他爱好制作机械模型一类的玩意儿，如风车、水车、日晷等。放学之后，牛顿不和其他孩子一起玩耍，而是忙于制造各种小玩意儿和木头模型。为了做这些手工活，他买了许多小锯子、小斧子、小锤子，还有一整套工具，这些他都可以灵活自如地使用。

牛顿小时候有一段时间特别喜欢做风筝，他用纸做了各式各样的风筝，想试试哪个飞得时间最长。他还用皱皱的纸做了一些灯笼，放根蜡烛进去，在漆黑的冬日早晨，他在上学路上就用它们照明。一天，他把一盏灯笼挂在风筝尾巴上。当夜幕降临时，点燃的灯笼借风筝上升的力升入空中。发光的灯笼在空中流动，人们大惊，以为是出现了彗星。他喜欢读书，尤其喜欢看一些介绍各种简单机械模型制作方法的读物，并从中受到启发，自己动手制作奇奇怪怪的小玩意，如风车、木钟、折叠式提灯等。

牛顿寄宿的药剂师家的房子附近正建造风车，传说牛顿在参观了一个磨坊的建造工地之后，把风车的机械原理摸透了，就自己做了一个小风车。不过牛顿在风车上增加了自己的创意：推动他的风车转动的，不是风，而是动物。他把一只老鼠绑在一架有轮子的踏车上，然后在轮子的前面放上一粒玉米，刚好那地方是老鼠可望不可及的位置。老鼠想吃玉米，就不断跑动，于是轮子不停地转动，而轮子又驱动了风车。

牛顿还用药剂师克拉克的妻弟给的木盒子做了一个小水钟。它大约四英尺高，在顶部表盘上用数字表示钟点。这个水钟是由一块木头驱动的，这块木头随着水滴的节奏交替地上升、下降。水钟就放在艾萨克的房间里，每天早晨，小水钟会自动滴水到他的脸上，催他起床。克拉克家的人偶尔也会去看一下时间。艾萨克·牛顿就像列奥那多·达·芬奇和本杰明·富兰克林一样，他们小时候并不是毫无目的地瞎玩，而是在玩的过程中融入了思想和技巧。

牛顿给格兰森姆镇的居民留下的最深刻印象，是他对机械发明的热爱，这种热情当时为小镇的平淡生活增添了不少情趣。他把工具存放在克拉克家的阁楼上，那是一间为克拉克家里的小女孩们制作洋娃娃的小房子，此外他还自己创制精巧的机械装置。

早在牛顿进公学之前，他就开始研究太阳运动，他在伍尔索普家里的墙上和石瓦屋顶上追寻它的轨迹，画上记号。克拉克和蔼可亲，脾气很好，很喜欢爱钻研的牛顿，所以牛顿把药剂师家的屋子里塞满了年鉴和日晷。他还用锐器在房子朝南的一扇窗户旁画了两个日晷。他在克拉克的房子旁刻了和自己家里同样的日晷线，并且用钉子表示出整点和半点。大家都叫它艾萨克的刻度盘，人人都读得出上面的时间。他对古老的计时方法无比痴迷，牛顿一生都喜欢依靠观察影子而不是钟表来判断时间。据说牛顿后来只要扫一眼书房墙上阴影的位置就可说出几点了，几乎每次都与他兜里的表一样准确。

第一次实验

尽管与学校的大多数同学相比，艾萨克身材瘦小、体质虚弱，但他喜欢尝试新事物，他试着教同学们“怎样玩得科学”。他喜欢刨根问底，把问题弄清楚。1658 年 9 月，护国主克伦威尔去世时，恰巧一场猛烈的风暴席卷了英格兰，人们迷信地认为那是魔鬼骑着旋风来收他的游魂。牛顿就思考风速到底有多快，风力有多大。于是他打算在大暴风中算风力。

1658 年 9 月 3 日，一场罕见的暴风雨侵袭英格兰。狂风怒吼，牛顿家的房子直晃悠，就像要倒了似的。风撒野地呼号着，卷着尘土一阵阵袭来，地上的干草碎屑夹杂着尘土在空中打转，灰尘扑面，让人睁不开眼。牛顿为大自然的威力迷住了，认为这是个准确研究和计算风力的好机会，不禁想测验飓风的力量。他便拿着用具，冒着狂风暴雨来到后院，一会儿逆风跑，一会儿顺风跳。为了接受更多的风力，他索性敞开斗篷向上跳跃，认准起落点，仔细量距离，看狂风能把他吹出多远。

他踉踉跄跄、吃力地测量着。几次沙尘迷了眼睛，几次风吹走了算纸，几次风使他不得不暂停工作，但都没有动摇他求知的欲望。他一遍又一遍，终于求得了正确的数据。他快乐极了，急忙跑回家去，继续进行研究。得出数据之后，他就在大风中练习顺风跳远与逆风跳远相差多少。艾萨克还利用这个少有的机会，与几个比他体育好的孩子比赛，看谁跳得最远。那些孩子又惊又窘的是，艾萨克精心计算了风力后，竟然赢了他们。多年后，牛顿对一位亲戚说那次是他的第一个实验。

酷爱读书的少年

牛顿学习进步得很快，能凭借思考和天赋无师自通，可是在学校里，不少老师不太注意他，因为大部分老师都喜欢考试成绩优异的学生。那时，学生被要求死记古典语文和宗教教义等核心课程，完全不需要想象力，所以也启发不了怀疑的能力。以现代人的思维而言，牛顿在进入剑桥大学之前，从来没有受过正式的数学训练，却能有那么伟大的科学成就，真是一件令人难以置信的事情(即使在剑桥，大一的课程表中也没有数学这门课)。任何文件上都没有记载有人指导过牛顿，因此人们认为牛顿的许多知识都是靠他自学得来的。牛顿很早就喜欢自己看书。艾萨克最早是以念他继父遗留下来的书籍来打发时间的，后来又在格兰森姆的一个教堂的图书室中找到一些书来读。这个教堂的走廊上方有间狭长的房间，里面收藏了许多书，但大部分无味如干草……幸亏他又找到了别的书。引导他通往科学殿堂的最重要的一本书是《自然与工艺的神秘》，作者名叫约翰·贝特。牛顿发现这本书时年约13岁，他完全被这本书迷住了，特地花了两个半便士买一本练习簿将书上重要的部分抄录下来。

克拉克先生的哥哥约瑟夫·克拉克博士是格兰森姆语法学校的教员,去世后遗留了很多书籍给克拉克先生。克拉克药剂师工作太忙,对这一批书虽然有兴趣,却没有时间阅读。也许牛顿自愿为他整理书籍,以换取自由阅览的机会,反正牛顿说服了克拉克先生,准许他每个星期六躲在药房后面的小房间里,静静地阅读那批包括物理、解剖、植物、哲学、数学等藏书。那是牛顿首次接触这些基础科学,加上以前他读过贝特的《自然与工艺的神秘》一书,这些成为他日后试验和实用技术的基础。那批藏书中必定有许多伟大作家和自然哲学家的文献,很可能牛顿就从中首次看到培根、笛卡尔、亚里士多德、柏拉图等伟大人物的学说,因而那批藏书给予牛顿的教育,其完整性及实用性比那局限于狭小范围内的学校教育要强得多。

难得的继续求学的机会

在格兰森姆语法学校的时候，牛顿曾经与同学打架，那个同学的成绩比牛顿优秀。于是“战斗”结束以后，牛顿就宣布学习成绩一定要超过欺负过他的那个家伙。从此牛顿勤奋学习，在短期内成绩迅速超过了那个同学，而且跃居全班第一。牛顿16岁的时候，在学校里已经很有名气了，校长认定他是一个应该进大学的候选人。可是，他的母亲汉娜并不重视教育，尽管她的哥哥受到剑桥大学的教育，但汉娜却认为没有多大必要让牛顿继续接受教育，不识字也能把农场经营得很好。校长的坚持使汉娜做出了一个决定，让牛顿辍学回家。在17世纪的时候，这个决定并不令人意外。辍学在家的牛顿总是寻找一切机会追求知识，表现出强烈的求知欲望，对农场的工作显得心不在焉，被人们认为生活马虎、散漫。当地的地方法院至今仍记载着牛顿被处罚的情况：1659年，牛顿被罚了3先令4便士，处罚原因是“放任他的羊群破坏了田野小树”。另外两次罚款，每次都是罚款1先令，是因为“放任他的猪群践踏玉米田”和“纵容他的田园篱笆毁损不予修理”。

牛顿停学回家务农,管理伍尔索普庄园及其所辖土地,可以想象,他的回归是一场灾难。他不去照料羊群,而是建起了水车模型,若是被派往镇上去销售农产品或是谈生意,他会在中途开小差看会儿书。他在家里变得喜欢争吵,动不动就对仆人们大发脾气,这样反常的举动很可能是因为被迫离开学校而产生的智能极度挫败感造成的。每次,母亲叫他同佣人一道上市场,熟悉做交易的生意经时,他便恳求佣人一个人上街,自己则躲在树丛后看书。有一次,牛顿的舅舅起了疑心,就跟踪牛顿上市镇去,他发现他的外甥伸着腿,躺在草地上,正在聚精会神地钻研一个数学问题。牛顿的好学精神感动了舅舅,他打算支持牛顿继续上学。

不仅如此,格兰森姆语法学校的校长也发现了这孩子所拥有的出众才能,他们一同说服汉娜让他回到学校,为进入剑桥大学深造做准备。正如一位早期的牛顿传记作者所说:“他的天才特质从此一发不可收拾。”1661 年,他被剑桥大学的三一学院(Trinity College)录取。

剑桥的求学岁月

- 你若想获得知识,你该下苦功;你若想获得食物,你该下苦功;你若想得到快乐,你也该下苦功,因为辛苦是获得一切的定律。
- 大学里绝不会教你如何生存;同样道理,大学教授也和我们一样,简直对这事一无所知。

孤独的减费生

1661 年,19 岁的牛顿进入剑桥大学,成为三一学院的减费生。17 世纪的剑桥大学还不是一个纯粹研究学术的地方,大学当局不仅管理着学校和学生,而且还干预剑桥的市政,甚至连市长的决策都要受到大学当局的干预和反对。英国从亨利八世主政以来,国王有法定权力可关闭国内的任何一所大学并占为己有,故而大学一向都效忠于王室。牛顿进入剑桥大学,只能处在社会的底层:减费是当时大学为家境不富裕的学生制定的政策,减费生可以靠为学院做杂务、为讲师和富有的学生做仆人获取收入来支付学费。当牛顿于 1661 年 6 月 5 日在剑桥大学三一学院注册为学生时,他只能以准减费生的资格入学(上课一个月之后变成减费生)。准减费生和减费生都只比仆人待遇好一点点,他们要为特权学生收拾房间、清洗便器以贴补学费。所谓特权学生包括资优生、公费生、全自费生、贵族子弟和富商子弟等。

牛顿到底是属于哪一类的减费生一直都不很清楚,按当时英国大学的传统,减费生服侍非减费生,但有时候也有专门替一个研究员工作的情形，而这位研究员必须是他的指导老师。后人一向以为牛顿的减费生工作是属于前一类，但也有证据显示他事实上是为巴宾顿工作。

在这里，牛顿的生活是很艰苦的。他在剑桥获得的唯一帮助是来自三一学院的一位讲师汉弗莱·巴宾顿，这位老师是格兰森姆镇药剂师克拉克先生的妻子的弟弟。巴宾顿老师因为听姐夫多次夸奖牛顿爱钻研爱思考，对这个孩子特别欣赏，所以常常会为牛顿提供些帮助。除此以外，牛顿就再也没有什么可以依靠的了。但牛顿却没有被困难吓倒。他非常珍惜来之不易的学习机会，从不浪费时间，每天除了上课、干活挣生活费以外，他还抓紧时间自学自己感兴趣的课程。

由于在剑桥就读的大部分是有钱的贵族子女，这些人对牛顿这个不起眼的乡下人丝毫不感兴趣，牛顿由此显得不那么合群，偌大的校园总是看见牛顿独自学习、独自散步、独自思考的身影。

牛顿的大学同学很少能看到他，当大家忙着安排聚会、享受学习之余的闲暇时光时，牛顿总是一个人默默地思考问题、钻研学问。

在科学的海洋里遨游

17 世纪中叶的剑桥大学还充满浓厚的中世纪经院哲学的气味，当牛顿进入剑桥时，那里还在传授一些经院式课程，如逻辑、古文、语法、古代史、神学等。两年后三一学院出现了新气象，卢卡斯创设了一个独辟蹊径的讲座，规定讲授自然科学知识，如物理、天文和数学课程。牛顿经常参加学院举办的各类讲座，包括地理、物理、天文和数学，开始接触到大量自然科学著作，因此，课堂上的牛顿总是那么与众不同。在课堂上，他并不像有些同学表现得那样活跃，很少发言，但一旦提出问题就是老师也很难回答出来的问题。在他冷静的外表下隐藏的是一颗对科学执着追求的火热的心。当同学们抱怨老师讲的知识太深、听不懂，学习起来感觉很吃力时，牛顿却从来没有这样的烦恼。他喜欢思考，经常一个人在科学的海洋里遨游。

1663 年的某个时候——那是牛顿在三一学院度过的第三年，他的读书笔记上写下了这样的内容，题为“一些哲学问题”。他在第一页开头写下了开拓性的字句：“柏拉图是我的朋友，亚里士多德也是我的朋友，但真理是我更伟大的朋友。”他为自己计划研究的不同主题编了索引，其中包括“空气”、“地球”、“物质”、“时间和永恒”、“灵魂”和“睡眠”。有些题目并没有正文，但他对其他题目的阐述少则几句话多则好几页，笔迹不再是工工整整而是潦草难辨。他的思想大部分来自一些塑造了现代世界观的、崭露头角的思想家们，当时人们称他们为“自然哲学家”，因为直到19世纪，才有了“科学家”这个词汇。

牛顿依靠自学学习了欧几里德的《几何原本》、笛卡儿的《几何学》、沃利斯的《无穷算术》、巴罗的《数学讲义》及韦达等许多数学家的著作。其中，对牛顿具有决定性影响的要数笛卡儿的《几何学》和沃利斯的《无穷算术》，它们将牛顿迅速引导到当时数学最前沿——解析几何与微积分。

巴罗教授的助手

一个偶然的机会，牛顿接触到笛卡尔的《哲学原理》，也因此认识了对笛卡尔学说有着共同兴趣的艾萨克·巴罗教授。这位学者在与牛顿的交流中，被他敏锐的观察力和深刻的理解力折服，认为牛顿是一个不可多得的人才。在巴罗教授的悉心指导下，牛顿开始系统学习伽利略的《运动和重力学说》、开普勒的《星球运动定律》，还有笛卡尔在代数和几何方面的创作，牛顿对每一方面都很有兴趣。从教以来，巴罗教授还没有遇到过这么爱钻研有天分的学生，于是巴罗教授将自己的数学知识，包括计算曲线图形面积的方法，全部传授给牛顿，并把牛顿引向了近代自然科学的研究领域。后来，牛顿在回忆时说道："巴罗博士当时讲授关于运动学的课程，也许正是这些课程促使我去研究这方面的问题。"

1664 年，牛顿被选为巴罗的助手，第二年，剑桥大学评议会通过了授予牛顿学士学位的决定。在这段学习过程中，牛顿掌握了算术、三角，读了开普勒的《光学》，笛卡尔的《几何学》和《哲学原理》，伽利略的《两大世界体系的对话》，胡克的《显微图集》，还有皇家学会的历史和早期的哲学学报等。

牛顿在巴罗门下的这段时间，是他学习的关键时期。巴罗比牛顿大 12 岁，精于数学和光学，他对牛顿的才华极为欣赏，认为牛顿的数学才能超过自己。1669 年，巴罗教授为了提携牛顿而辞去了教授之职，26 岁的牛顿晋升为数学教授。

形成自己的思想方法

三一学院图书馆的藏书超过3000本，但是学生们只有在校委会成员的陪同下才能进入图书馆。在那里，有两个人的观点和理论对牛顿产生了重要影响，一个是法国哲学家笛卡尔，另一个是在牛顿出生那年去世的意大利天文学家伽利略。这两个人都公开挑战亚里士多德的学说。笛卡尔提出了几何理论和机械哲学，他想象宇宙中充满了肉眼看不见的物质，它们形成巨大的漩涡，使星球向前运动。伽利略用几何学的思维方式研究运动，认为物体都是由相同的物质构成的，因此物体下落的速率相同。

牛顿最伟大的数学突破，在于领悟到某个方程的一种特定运算方法，这种算法能够导出用该方程式来表示的曲线上的准确斜率，这种运算法就是微分的本质。另外有一种也是应用在方程上的运算方法（即后来所称的积分），可以算出该方程式所代表的曲线下方的面积。微分与积分两种方法合并起来就叫做微积分，它是数学家和科学家所依赖的强力有效的工具。牛顿的第一篇数学论文是关于一种求和法，将曲线分割成无穷小的弧线线段，再把无穷个小弧线线段相加起来的算法（这是充分了解微积分技巧的必要门槛），这种算法于 1665 年 5 月完成。

一旦有了通用的微积分计算方法，牛顿的下一步设想就是将微积分应用到行星运行的实际问题上：行星环绕太阳的轨道、月球环绕地球的轨道以及如何用数学式的定律来表示那些运动。

在伍尔索普时，牛顿构思了一个新奇的实验。他把楼上朝南的卧室遮严，在窗板上钻了一个 1/8 英寸的孔，让自孔中射入的光穿过一个棱镜，结果光谱就投射到对面的墙上。令他惊奇的是光谱呈长条状，而并不是笛卡尔推断的圆形。这只能说明一点：七种光都被折射或弯曲，以不同角度穿过棱镜；红色的角度最小，紫色的角度最大，其他颜色介于两者之间。

牛顿在三一学院所做的笔记进一步证明他的确是一位未来的自然哲学家，他不相信亚里士多德及其追随者所信赖的感觉，而对伽利略提倡的实验方法非常感兴趣。对同样的现象，不同的人做出不同的反应。牛顿写道："从事物之间相互作用归纳出来的事物的本质，必然比只凭感觉猜测出来的更准确、更合理；而我们对肉体和灵魂的解释，不应被任何一者歪曲。”从那以后，当他对自然现象提出质疑时，他就会运用这种新的科学方法以及它的基本步骤：收集资料，提出假设，进行实验来验证或推翻这个假设。甚至当学习新物理学家的著作时，牛顿也在练习自己的科学方法。

回乡下

- 人一旦确立了自己的目标,就不应该再动摇为之奋斗的决心。
- 我始终把思考的主题像一幅画般摆在面前,再一点一线地去勾勒,直到整幅画慢慢地凸显出来。这需要长期的安静与不断的默想。

乡间奇迹年

1665 年，正当牛顿准备留校继续深造时，严重的鼠疫（也叫黑死病）肆虐整个欧洲，伦敦地区 3 个月内，人口就减少了十分之一，鼠疫由伦敦向外蔓延，剑桥离伦敦不远，各个学院都将学生遣散回家，希望他们可以逃过一劫。学校停课，社会陷入恐慌和混乱中，牛顿于 1665 年 6 月离校返乡。当这场全国性的灾难波及剑桥大学时，牛顿已经广泛阅读了大量的数学文献。1666 年，他又重返剑桥学习了几个月。但鼠疫越来越严重，英国王室成员和不少富人纷纷逃离伦敦，伦敦成了一座恐怖之城、死亡之城。所以，牛顿不得不又在家中待了两年。正是在这段时期，他开始有了自己最著名的发现。按照他自己的说法，他当时“处于发明创造的黄金时期，当时我对数学和哲学的热爱比其他任何时候都要强烈”。这段时期被称为他的“奇迹年”。

在家乡伍尔索普的这两年中，牛顿在光学、数学、力学等领域的研究都取得了重大进展。可以说牛顿在伍尔索普的日子里产生了许多灵感和直觉，而且这些思想日后变成了伟大的定律,成为近代科技的基础。但乡居期间培养出来的思想并未成熟也未定型,这是牛顿的知识快速发展时期,也可以说是牛顿迈向成功的起步。关于牛顿与苹果的故事就是这个时候出现的,它说明牛顿开始思索重力观念的延伸问题。牛顿一生的工作习惯是手边能够拿到的,都可以用来写东西,在他母亲不久前用过的一张旧契约的背面,牛顿留下了他的思考历程。这张羊皮纸一直保留至今,上面写满了摘要和计算,那上面记载的东西最后推导出万有引力定律,当然从中也可以看出牛顿那个时候的思考是不完善的。

由于牛顿在剑桥受到数学和自然科学的熏陶和培养,对探索自然现象产生了浓厚的兴趣,家乡安静的环境又使得他的思想展翅飞翔。1665 年至 1666 年这段短暂的时光成为牛顿科学生涯中的黄金岁月,他在自然科学领域内思潮奔腾,才华迸发,思考前人从未思考过的问题,踏进了前人没有涉及的领域,创建了前所未有的惊人业绩。

1665 年初,牛顿创立级数近似法以及把任意幂的二项式化为一个级数的规则;同年 11 月,创立正流数法(微分);次年 1 月,用三棱镜研究颜色理论;5 月,开始研究反流数法(积分)。这一年内,牛顿开始想到研究重力问题,并想把重力理论推广到月球的运动轨道上去。他还从开普勒定律中推导出使行星保持在它们的轨道上的力必定与它们到旋转中心的距离平方成反比。牛顿见苹果落地而悟出地球引力的传说,就是此时发生的逸事。

总之,在家乡居住的两年中,牛顿以比此后任何时候更为旺盛的精力从事科学创造,并关心自然哲学问题。家乡安静的环境使得他的思想展翅飞翔,以整个宇宙作为其藩篱。这短暂的时光成为牛顿科学生涯中的黄金岁月,他的三大成就:微积分、万有引力、光学分析的思想都是在这时孕育成形的。可以说此时的牛顿已经开始着手描绘他一生大多数科学创造的蓝图。

树上落下来一个苹果

在伍尔索普的家中，牛顿潜心研究几何问题，提出了微积分学的理论构想。最为人所称道的是，正是这段孕育微积分学的重要时期，使得牛顿在此基础上衍生出著名的由观察落地苹果引发的重力定律。牛顿发现万有引力定律是他在自然科学中最辉煌的成就。

1666 年夏天，因为在乡下躲避鼠疫，牛顿常常在家中果园小坐片刻。历史上最著名的那只苹果就这样从牛顿家的果园里掉了下来。一个苹果的偶然落地，却是人类思想史的一个转折点，它使那个坐在花园里的人的头脑开了窍，引起他的沉思："什么使苹果下落？为什么苹果会落到地上，而不会飞到一旁或向上运动？是地球的吸引力吗？为什么苹果落下来最终着地，而月亮却一直绕着地球转呢？……"

究竟是什么原因使一切物体都受到差不多总是朝向地心的吸引呢？牛顿思索着。

找出答案的关键步骤是：首先，假设有一种力量影响着苹果的运动，那么这种名为重力的力量的影响超越了地球范围，这种作用力不会受到地球距离的限制，而且会延伸到想象不到的距离。他对自己说，重力为什么不可以延伸到月球的高度呢。如果这样，重力就会对行星轨道产生影响，或者保持行星在轨道上运行。牛顿发现，如果让该力随距离的平方增加而减少，所计算出的月球轨道周期与真实情况非常好地吻合。他猜想同样的力也导致了其他的轨道运动，甚至可以影响到月亮的运动，并且与离心力相抗衡，这样地球表面上的所有事物都不会因地球自转而被甩出地球。重力就像是系在旋转石块上的绳子，不让石头向外飞出。这种别具一格的观点是灵感乍现，但科学家之前所做的不懈努力已为深入研究打下了坚实的基础。不管怎样，重力理论的起源故事的简单之处，正是牛顿思想伟大的关键所在，特别值得一提的是，这个故事反映了他通过直接观察得出涵义深远的推论的能力。

就这样，他发现了对人类具有划时代意义的万有引力。他认为太阳吸引行星，行星吸引行星，以及吸引地面上一切物体的力都是具有相同性质的力，还用微积分证明了开普勒定律中太阳对行星的作用力是吸引力，证明了任何一曲线运动的质点，若是半径指向静止或匀速直线运动的点，且绕此点扫过与时间成正比的面积，则此质点必受指向该点的向心力的作用，如果环绕的周期之平方与半径的立方成正比，则向心力与半径的平方成反比。牛顿还通过大量实验，证明了任何两个物体之间都存在着吸引力。

牛顿终于找到了这个问题的答案，得到引力作用下物体运动的图像，并把它画到自己的笔记本上。后来，牛顿用自己制成的世界上第一架反射望远镜证实了他的这一结论。当他举起一架直径只有1英寸、长约6英寸的小望远镜望向夜空时，竟清晰地看到了木星和它的4颗小卫星，他的心中不禁一阵狂喜。这再次证实了万有引力是宇宙间普遍存在的现象。

24岁的顶级数学家

牛顿16岁时数学知识还很肤浅，也并没有接触到多少高深的数学知识。知识在于积累，聪明来自学习。对自己发现的问题，牛顿从不绕着走，而是一定要弄清楚。在基础差的不利条件下，牛顿能正确认识自己，知难而进。他从基础知识、基本公式重新学起，扎扎实实、步步推进。他研究完了欧几里德几何学后，又研究笛卡儿几何学，对比之下觉得欧几里德几何学肤浅，便悉心钻研笛氏几何学，直到掌握要领、融会贯通。

有志者事竟成。经过勤奋学习，牛顿为自己的科学高塔打下了深厚的基础。不久，牛顿的数学高塔就建成了，22岁时发明了微分学，23岁时发明了积分学，为人类科学事业作出了巨大贡献。

在伍尔索普乡下家里，牛顿不仅思考苹果落地，而且思考自己关心的数学问题。当时，人们都为眼前大片大片的人感染鼠疫死去而陷入恐慌，天天听到的就是谁谁死了，谁谁得病了，牛顿却沉浸在自己的科学研究里，从来没有感到过害怕。

1665 年 5 月,在剑桥关闭前不久,牛顿在学校完成了他第一篇重要的数学论文。同年 11 月,他在伍尔索普写完了更为领先的第二篇论文。在瘟疫流行的 1666 年,他又有三篇论文问世。他的著作涉及一个创新性的运算方法,他称其为“微分”,即与不断变化的速率有关的量。1666 年底,在艾萨克·牛顿将临二十四岁生日之际,他已是世界上最先进的数学家了。一些运动和量并不是确定无疑、一成不变的,而是经历了开始、波动,乃至消失的过程,这个问题可以用他的微分,即我们今天所说的微积分解决。通过微分,牛顿可以确定一个物体在下落过程中加速度的每一个微小变化,精确地计算出旋转着的行星的运行轨道,算出一个在地面滚动着的球,在减速直至停止时的确切速度。总之,不论是解决物体运动速度的最小变化——牛顿称之为“无限小”,还是解决其在空间的路径这样的问题,微积分都是卓有成效的工具。牛顿意识到解决自然问题时需要绝对的准确,他提出了一种顺其自然解决的数学方法,这个成就无与伦比。

在剑桥大学初期,牛顿既不出色,也没有引起教授的注意。牛顿向来是一个专心用功的学生,大学的必修课程要求十分严格,可是他却把大量精力都花费在必修课程以外的知识上。牛顿和达尔文、爱因斯坦、霍金以及另外一些牛顿之后的伟大科学家一样，对于作为一个好学生所必须通过的许多考试，往往准备不足。牛顿在考试所需复习的正式课程上不甚用功，结果他毕业的时候没有得到什么特殊的荣誉。1667年牛顿重新回到剑桥大学，为取得文学硕士和研究员资格做准备。对牛顿来说争取研究员资格的工作很重要，没有这个资格，他就无法继续留在剑桥，也许从此就默默无闻，或者到偏远地区当一个教区的牧师。经过严格的测试，牛顿终于成为剑桥大学的研究员。斯蒂克利（第一个写牛顿传记的作者）记述："牛顿爵士在接受文学学士学位的仪式上被安排在第二列，属于人们戏称的输掉银币者。"（"输掉银币者"是指当时的一个传统：学生要向考试官缴纳9枚银币，如果学生考得好，考完之后银币发还给他；如果考得不好，钱就没收了。）但是，无论22岁的牛顿以何种成绩毕业，都不会影响他作为伟大科学家的声誉。更何况牛顿在大学毕业前夕，就提出了数学上有名的二项式定理以及微积分的初步算法。这一成就已经站在了当时数学研究领域的顶峰。所以有人说，即使牛顿没有别的成就，仅仅靠这个定理也足以使他在科学史上留下不朽的美名。

惊人的成就

- 聪明人之所以不会成功，是由于他们缺乏坚韧的毅力。
- 每一个目标，我都要它停留在我眼前，从第一线曙光初现开始，一直保留，慢慢展开，直到整个大地一片光明为止。

26岁的大学教授

一场烧了三天三夜的大火让整座伦敦城几乎成了一片废墟，但大火后，让人们谈之色变的鼠疫却消失了，人们的生活重新恢复了正常。学校也都开课了。1667 年复活节后不久，牛顿满载着他的研究成果返回剑桥大学，10 月 1 日被选为三一学院的仲院侣（初级院委），第二年 3 月 16 日获得硕士学位，同时成为正院侣（高级院委）。

到 1669 年，巴罗教授已充分认识到牛顿无与伦比的数学天赋。当巴罗自伦敦的约翰·柯林斯那里接到尼古拉斯·墨卡托的新论文——《对数的艺术》后，立即热情地回了信，他的回信令柯林斯深感惊诧："我这里有个朋友，对这些东西很有天分。前几天他给我看了一篇论文，文中讲述了计算量的大小的方法，与墨卡托先生有关抛物线的内容类似，只是非常概括。"这位不知名的朋友当然是指牛顿，而巴罗提到的文章则是牛顿的小论文——《在分析中采用无穷级数》。

奇怪的是，巴罗费了好大劲才说服牛顿将他的论文公诸学术界。因为尽管墨卡托发表了这个方法，但牛顿写的《在分析中采用无穷级数》的原意就是要确立自己对这个方法的首创权。焦急的柯林斯不得不苦等两周，才收到巴罗答应寄给他的材料，但上面仍未署牛顿的名字。直到看到柯林斯在回信中热情洋溢的赞美，巴罗才回复："很高兴你这么满意我朋友的论文，他是牛顿先生——我校的一名非常年轻的研究员……但他天赋过人，精通这些知识。"

巴罗教授是第一任卢卡斯讲座教授，这个职位的人选是由卢卡斯基金委员会指定的，只有真正有学问的人才能担任这一职务。1668 年，巴罗教授推荐牛顿担任第二任卢卡斯讲座教授的职位，1669 年 10 月 27 日，巴罗为了提携牛顿而辞去了教授之职，26 岁的牛顿晋升为数学教授，并担任卢卡斯讲座的教授。巴罗为牛顿的科学生涯打通了道路，如果没有牛顿的舅父和巴罗的帮助，牛顿这匹千里马可能就不会驰骋在科学的大道上。牛顿从一个大学新生到成为剑桥大学卢卡斯讲座教授，总共费时 8 年。他以惊人的速度攀登学术地位的阶梯，也以惊人的速度同时进行科学和数学的研究工作，终于使他的名字镌刻在不朽的历史丰碑上。巴罗让贤，这在科学史上一直被传为佳话。

可是，牛顿的教学能力并没有得到学生的认可。牛顿作为卢卡斯讲座教授,第一次上课就以光学为主题,以自己的发现和严格的数学支持来讲课。可是他那一群学生则茫然无知,谁也没有意识到牛顿所讲述的理论基础,正是他后来的著作《光学》中的材料,也是他对物理世界伟大贡献的两大支柱之一。牛顿第二次上课的时候没有一位学生来听,不但如此,甚至在后来的 17 年间,几乎每一次上课都一样,很少有学生去听他的课,更难得有学生能听得懂他的课。

他跳跃性的思维、不连贯的语言和新奇的授课内容都让学生们大呼受不了。在学生眼里,牛顿有些“呆”。他常常不修边幅,领带不结、鞋带不系好,马裤纽扣也不扣好,就走进了大学餐厅。牛顿痴迷于他的科学研究,把解决疑难问题当做是乐趣。他经常因为思考问题而忘记了周围的事物。很多关于他的异于常人的故事流传了开来。

谁最早发明了微积分？

在牛顿的全部科学贡献中，数学成就占有突出的地位。他数学生涯中的第一项创造性成果就是发现了二项式定理。据牛顿本人回忆，他是在1664年至1665年间的冬天，在研读沃利斯博士的《无穷算术》时，试图修改他的求圆面积的级数时发现这一定理的。

笛卡尔的解析几何把描述运动的函数关系和几何曲线相对应。牛顿在老师巴罗的指导下，在钻研笛卡尔的解析几何的基础上，找到了新的出路。可以把任意时刻的速度看做是在微小的时间范围里的速度的平均值，这就是一个微小的路程和时间间隔的比值，当这个微小的时间间隔缩小到无穷小的时候，就是这一点的准确值。这就是微分的概念。

求微分相当于求时间和路程关系在某点的切线斜率。一个变速的运动物体在一定时间范围里走过的路程，可以看做是在微小时间间隔里所走路程的和，这就是积分的概念。求积分相当于求时间和速度关系的曲线下面的面积。牛顿从这些基本概念出发，建立了微积分。

微积分的创立是牛顿最卓越的数学成就。牛顿为解决运动问题，才创立这种和物理概念直接联系的数学理论的，牛顿称之为"流数术"。它所处理的一些具体问题，如切线问题、求积问题、瞬时速度问题以及函数的极大和极小值问题等，在牛顿之前已经有人研究了。但牛顿超越了前人，他站在了更高的角度，对以往分散的努力加以综合，将自古希腊以来求解无限小问题的各种技巧统一为两类普通的算法——微分和积分，并确立了这两类运算的互逆关系，从而完成了微积分发明中最关键的一步，为近代科学发展提供了最有效的工具，开辟了数学上的一个新纪元。

牛顿没有及时发表微积分的研究成果，他研究微积分可能比莱布尼茨早一些，但是莱布尼茨所采取的表达形式更加合理，而且关于微积分的著作出版时间也比牛顿早。

在牛顿和莱布尼茨之间，在争论谁是这门学科的创立者的时候，竟然引起了一场轩然大波，这种争吵在各自的学生、支持者和数学家中持续了相当长的一段时间，造成了欧洲大陆的数学家和英国数学家的长期对立。英国数学在一个时期里闭关锁国，囿于民族偏见，过于拘泥在牛顿的"流数术"中停步不前，因而数学发展整整落后了一百年。

应该说，一门科学的创立绝不是某一个人的业绩，它必

定是经过多少人的努力后，在积累了大量成果的基础上，最后由某个人或几个人总结完成的。微积分也是这样，是牛顿和莱布尼茨在前人的基础上各自独立建立起来的。

除微积分以外，牛顿在数学上还有很多成就。1707 年，牛顿的代数讲义经整理后出版，定名为《普遍算术》。他主要讨论了代数基础及其通过解方程在解决各类问题中的应用。书中陈述了代数基本概念与基本运算，用大量实例说明了如何将各类问题化为代数方程，同时对方程的根及其性质进行了深入探讨，引出了方程论方面的丰硕成果，如他得出了方程的根与其判别式之间的关系，指出可以利用方程系数确定方程根之幂的和数，即“牛顿幂和公式”。

牛顿对解析几何与综合几何都有贡献。他在 1736 年出版的《解析几何》中引入了曲率中心，给出密切线圆（或称曲线圆）概念，提出曲率公式及计算曲线的曲率方法，并将自己的许多研究成果总结成专论《三次曲线枚举》，于 1704 年发表。此外，他的数学工作还涉及数值分析、概率论和初等数论等众多领域。

白光是白色的吗？

出众的脑力水平令牛顿声名鹊起，因为有极好的数学功底做基础，他出类拔萃的广阔思维囊括了机械学、光学、化学等领域。

在牛顿以前，墨子、培根、达·芬奇等人都研究过光学现象。反射定律是人们很早就认识的光学定律之一。近代科学兴起的时候，伽利略靠望远镜发现了“新宇宙”，震惊了世界。荷兰数学家斯涅尔首先发现了光的折射定律。笛卡尔提出了光的微粒说……

牛顿以及跟他差不多同时代的胡克、惠更斯等人，也像伽利略、笛卡尔等前辈一样，以极大的兴趣和热情对光学进行研究。1666 年，牛顿在家休假期间，得到了一块玻璃三棱镜，开始研究色散现象，进行了著名的色散试验。

牛顿在光学领域的研究也有了很大的突破。在剑桥大学时，牛顿就开始研究光学，做了许多实验，写下很多研究心得。他仔细地观察光线穿过羽毛和各种织物所产生的折射现象，记载下“用羽毛或黑纱挡在我的眼睛和照射进来的太阳光线之间，就可以看见没有的光彩”。牛顿通过三棱镜对太阳光进行反射试验，证明日光即白光是由七色光组成的，还进一步说明了物体颜色的形成原理。他的实验和结论奠定了后来光谱学的基础。

牛顿在光学领域的研究工作是他努力尝试各种可能的很好的例证：他并不仅仅提出了光的行为规律。他在自己的房间中利用棱镜观察光线通过木质百叶窗上的孔，发现光是由不同频率的颜色构成的。他将观察到的这些颜色记录下来，将它们排成一圈圆环。他是这样描述这次实验的：

> 1666年初……我买了一块三角形玻璃棱镜，以此观察光线折射的彩色现象。为此，我使自己的房间变暗，在百叶窗上钻了一个小孔，让一定量的阳光射入，我将棱镜放在窗口，这样光线可以折射到对面的墙上。起初，我看着光线折射产生的鲜艳夺目的色彩，觉得是一件相当赏心悦目的乐事，但不久之后，我开始更加认真地考虑这一现象。

棱镜将通过小孔的白光分解为多种色光，我们也可以将其称为“彩虹色”。棱镜还使得白光圈变成了椭圆形，蓝光的变形程度似乎比红光更大。牛顿拿来另一块棱镜，将其放在第一块旁，二者相对，让光线同时通过两块棱镜。这样一来，第二块棱镜会抵消第一块棱镜的折射效果。实际情况确实如此:第二块棱镜投射出一圈白光。牛顿通过实验证实,太阳光是由不同色光组成的。

牛顿看到墙上有彩色的光带,光带之长数倍于原来的白光点,他意识到这些彩色就是组成白色太阳光的原始光色。为了证明这一点,牛顿进一步做实验。在光带投射的屏上也打一个小孔,让光带中彩色的一部分穿过第二个小孔,经过放在屏后的第二个棱镜折射投到第二个屏上,又让第一棱镜绕它的轴缓慢转动,只见穿出第二个小孔落在第二屏上的像随着第一棱镜转动而上下移动。于是看到,为第一棱镜折射最大的蓝光,经过第二棱镜也是折射得最大;反之,红光被前后两个棱镜折射得最小。于是牛顿作出结论:“经过第一棱镜折射后所得长方形的彩色光带不是别的,正是由不同的彩色光所组成的白色光经折射而形成的。”也就是说:“白光本身是由折射程度不同的各种彩色光所组成的非均匀的混合体。”这就是牛顿的光色理论。它是通过实验建立起来的,牛顿自称这个实验为“关键性实验”。事实上牛顿在他的《光学》第1卷命题4问题1中用过1~2英寸长、宽仅1/10或1/20英寸的长方形的孔代替小圆孔,他说所得结果较前更清晰。

牛顿通过这个“关键实验”,证明了这些颜色的样子在所有情况下都相同。后来他意识到如果光线的折射角度——或者说正弦——能被准确地计算出来,就会产生新的折射定律。他立即着手计算这些角度,进一步证实了他的远见——自然界是按照精确的数学定理运行的。

通过"关键实验",他还得出了另一个同样有价值的发现。牛顿观察了每种色光穿过第二个棱镜后的情形。正如他所料,蓝色仍是蓝色,橙色仍是橙色,等等。他旋转了棱镜,每种颜色仍没有发生变化。如果按照古老的观点,颜色只不过是白光变化后的产物,那么放置第二个棱镜后,就会产生其他的颜色,红色会变为橙色,或蓝色会变为靛色。但事实并非如此。毫无疑问,他证明了白光是由光谱中的各种颜色构成的。当它们穿过透镜时,根本没有发生变化。用一位诗人的话来说,艾萨克·牛顿"解开了白日那闪光的外袍",又熟练地把它合上了。

当然,人们过去也曾注意到白光通过棱镜后变成不同色光。但自古希腊哲学家亚里士多德以来,人们一直将这些色彩解释成是棱镜使白光产生的变化。白光由此产生了程度不一的变化,红、黄色的变化是最小的,绿、蓝和紫色的变化是最大的。牛顿则提出了一个全新的观点:这些色光是早就存在的,它们结合在一起构成了白光,棱镜将它们分离开来。

牛顿并没有让这种观点停留在理论阶段:他用棱镜实验证实了这一点。牛顿的实验还证明,不同色光的表现也各不相同,例如蓝光的弯折程度不同于红光。(牛顿在剑桥三一学院的自己原来的宿舍中再现了自己的棱镜实验。)

牛顿还研究了紧靠在一起的两块玻璃圆盘两侧形成多彩光圈的现象。他用两种不同的光线照射这两块圆盘:反射光和传导光,前者从与观察者同侧射入,后者从异侧射入,穿透圆盘。他发现,反射光投射下白色光圈,传导光投射下黑色光圈,红光呈现出蓝色,黄光呈现出紫罗兰色。他将这几组色光称为“相对光”,用图表认真地将这些色光以及其中的过渡色光记录下来。所有这些测试和记录的重要意义在于,牛顿并不仅仅想出了新观点。他将自己的研究成果深深植根于现实世界中,将理论付诸实践。

对这个奇异的现象,牛顿进行了深入的思考。得知光受折射后,太阳的白光散为红、橙、黄、绿、蓝、靛、紫七种颜色。因此,白光(阳光)是由红、橙、黄、绿、蓝、靛、紫七色光线汇合而成。自然界雨后天晴,阳光经过天空中余留的雨滴的折射、反射,形成五彩缤纷的虹霓,正是这个道理。

经过进一步研究,牛顿指出世界万物所以有颜色,并非其自身有颜色。太阳普照万物,各物体只吸收它所接受的颜色，而将它所不能接受的颜色反射出来。这反射出来的颜色就是人们见到的各种物体的颜色。这一学说准确地道出颜色的根源，世界上自古以来所出现的各种颜色学说都被它所推翻。

牛顿所以能取得如此巨大的成就，早年苦学所打下的深厚数学基础起了重要作用。一束太阳光通过三棱镜后，分解成几种颜色的光谱带，牛顿再用一块带狭缝的挡板把其他颜色的光挡住，只让一种颜色的光再通过第二个三棱镜，结果出来的只是同样颜色的光。这样，他就发现了白光是由各种不同颜色的光组成的，他所做的棱镜实验揭示了人类自古希腊时代以来一直不懈探寻的光的本质。这是他在光学上的第一大贡献。

牛顿为了验证这个发现，设法把几种不同的单色光合成白光，并且计算出不同颜色光的折射率，精确地说明了色散现象，揭开了物质的颜色之谜。原来物质的色彩是不同颜色的光在物体上有不同的反射率和折射率造成的。1672 年，牛顿被选为英国皇家学会院士。这年牛顿将自己的光学论文《关于光和色的新理论》送交学会。牛顿在这篇论文中提出光的本质是“微粒”的学说。这是他第一次公开发表的论文。1674 年底，奥顿伯格兴高采烈地收到了牛顿写过的最大胆、最深奥的论文——《解释光的性质的假说》。文章发表后引发了科学界长时间的激烈争论。皇家学会会员们深为触动，12 月 9 日和 16 日的两次会议几乎都用来讨论这篇论文。接着，在圣诞节假期后，1674 年 12 月 30 日和 1675 年 1 月 13 日的两次会议又仔细讨论了它的主要观点。这个学说与后来的荷兰物理学家惠更斯的“波动说”构成了关于光的两大基本理论。

世界上第一架反射望远镜

许多人研究光学是为了改进折射望远镜。牛顿由于发现了白光的组成,认为折射望远镜透镜的色散现象是无法消除的(后来有人用具有不同折射率的玻璃组成的透镜消除了色散现象),就设计和制造了反射望远镜。

牛顿不但擅长数学计算,而且能够自己动手制造各种实验设备并且做精细实验。为了制造望远镜,他自己设计了研磨抛光机,实验各种研磨材料。牛顿小时候就做过模型、钟表,练就了一双巧手。他用了一片薄薄的金属,而不是用手工工具几乎不可能磨平的玻璃,在中间挖了一个碟状的孔。然后他准备了一种由铜、锡、砷组成的特殊白色合金,精心打磨。当这项乏味的工作完成之后,他把这面金属镜做成反射镜,将它与其他零件一起装入一个小直筒。

公元 1668 年,他制成了第一架反射望远镜样机,这是他在光学上的第二大贡献。这架利用光的反射原理设计而成的望远镜解决了始终困扰着旧式望远镜的一大难题,即望远镜的透镜镜片对光产生折射作用,从而限制了望远镜的可见度,牛顿引入了一面反射镜,解决了这个问题。不过,新式望远镜还存在不足之处,那就是观察者的头会挡住射向反射镜的光,为此,牛顿将反射镜呈一定夹角放置,使入射光偏转到一边。金属反射镜的加工和抛光工作都是牛顿亲自动手完成的。尽管他制作的望远镜的长度只有6英尺,但其放大比例可以与过去的长达60英尺的望远镜相媲美。

1669年2月23日,牛顿在给一位朋友的信中,描述了这个反射镜的效果。牛顿计算出这个望远镜:“能将物体的直径放大大约40倍,任何6英尺长的望远镜都达不到这个效果,我对这点确信无疑。我可以用它清晰地看见圆圆的木星以及它的卫星。”他毫不怀疑精心制作的6英尺反射镜与任何一个“用普通方法制成的60到100英尺长的望远镜”效果相同。他意识到这样的说法可能让人难以理解,又说“这可能是一个奇怪的断言,但这确实是我根据光的特性所做的一些实验的必然结果”。

公元1671年,牛顿把经过改进的反射望远镜献给了皇家学会,牛顿名声大震,被选为皇家学会会员。反射望远镜的发明奠定了现代大型光学天文望远镜的基础。

牛顿的望远镜及其光学研究工作开始让全世界知道了他的名字。

发现万有引力

牛顿是经典力学理论的集大成者。他系统地总结了伽利略、开普勒和惠更斯等人的工作，得到了著名的万有引力定律和牛顿运动三定律。

在牛顿以前，天文学是最显赫的学科。但是，为什么行星一定按照一定规律围绕太阳运行？天文学家无法圆满地解释这个问题。万有引力的发现说明，天上星体运动和地面上物体运动都受到同样的规律——力学规律的支配。

早在牛顿发现万有引力定律以前，已经有许多科学家严肃认真地考虑过这个问题。比如开普勒就认识到，要维持行星沿椭圆轨道运动必定有一种力在起作用，他认为这种力类似磁力，就像磁石吸铁一样。1659 年，惠更斯从研究摆的运动中发现，保持物体沿圆周轨道运动需要一种向心力。胡克等人认为是引力，并且试图推导引力和距离的关系。

1664 年，胡克发现彗星靠近太阳时轨道弯曲是因为太阳引力作用的结果；1673 年，惠更斯推导出向心力定律；1679 年，胡克和哈雷从向心力定律和开普勒第三定律，推导出维持行星运动的万有引力和距离的平方成反比。

牛顿自己回忆，1666 年前后，他在老家居住的时候已经考虑过万有引力的问题。最有名的一个说法就是前面我们提过的苹果落地问题。牛顿 23 岁时，鼠疫流行于伦敦。剑桥大学为预防学生受传染，让学生休学回家避疫，学校暂时关闭。牛顿回到故乡林肯郡乡下。在乡下度过的休学日子里，他从没间断过学习和研究。万有引力、微积分、光的分析等发明的基础工作，都是在此期间完成的。除了苹果落地现象，他看到的一些事实也激发了他的思考。

那时，乡下的孩子常常用投石器打几个转转之后，把石头抛得很远。他们还可以把一桶牛奶用力从头上转过，而牛奶不掉下来。

这些事实使牛顿怀疑起来："什么力量能使投石器里面的石头，以及水桶里的牛奶不掉下来呢？"对于这个问题，他曾想到开普勒和伽利略的思想。他从浩瀚的宇宙太空，周行不息的行星，广寒的月球，直至庞大的地球，进而想到这些庞然大物之间力的相互作用。牛顿一头扎进"引力"的计算和验证中去了。牛顿计划用这个原理验证太阳系各行星的行动规律。他首先推求月球距地球的距离，由于引用的资料数据不正确，计算的结果错了。因为依理推算月球围绕地球转，每分钟的向心加速度应是 16 米，但据推算仅得 13.9 米。在失败的困境中，牛顿毫不灰心和气馁，反而以更大的努力刻苦研究。整整经过了七个春秋寒暑，到 30 岁时终于把举世闻名的“万有引力定律”全面证明出来，奠定了理论天文学、天体力学的基础。

牛顿高明的地方就在于他解决了胡克等人没有能够解决的数学论证问题。1679 年，胡克曾经写信问牛顿，能不能根据向心力定律和引力同距离的平方成反比的定律，来证明行星沿椭圆轨道运动。牛顿没有回答这个问题。1685 年，哈雷登门拜访牛顿时，发现牛顿早已经发现了万有引力定律：两个物体之间有引力，引力和距离的平方成反比，和两个物体质量的乘积成正比。

牛顿从 1665 年到 1685 年，花了整整 20 年的漫长时间，才沿着离心力—向心力—重力—万有引力概念的演化顺序，终于提出“万有引力”这个概念和词汇。这些概念的相继转变和证明，在科学研究的道路上是来之不易的，没有一个个层次的分析概括，没有观念上质的不断飞跃，是不可能的。牛顿是在《原理》一书第三卷中首次使用这个词的。至于“万有引力定律”一词的来源，说法不一。但拉普拉斯在 1796 年发表的《宇宙体系论》中，曾经提到“万有引力原理”，这可能是最早的说法之一。牛顿发现万有引力定律的时间应在1685年春。

当时已经有了地球半径、日地距离等精确的数据可以供计算使用。牛顿向哈雷证明地球的引力是使月亮围绕地球运动的向心力,也证明了在太阳引力作用下,行星运动符合开普勒运动三定律。

在哈雷的敦促下,1686年底,牛顿写成划时代的伟大著作《自然哲学的数学原理》一书。皇家学会经费不足,出不了这本书,后来靠了哈雷的资助,这部科学史上最伟大的著作之一才能够在1687年出版。

牛顿在这部书中,从力学的基本概念(质量、动量、惯性、力)和基本定律(运动三定律)出发,运用他所发明的微积分这一锐利的数学工具,不但从数学上论证了万有引力定律,而且把经典力学确立为完整而严密的体系,把天体力学和地面上的物体力学统一起来,实现了物理学史上第一次大的综合。

科学家从政

- 我能算出天体运动的轨道，却算不出人性的贪婪。
- 你该将名誉作为你最高人格的标志。

离开剑桥

1693 年，通常被人称为牛顿的“黑暗年”，因为他当时深受神经衰弱问题的困扰。他整夜整夜地难以入睡，怀疑自己患了严重的疾病，甚至写信给自己的朋友，提一些臆想中的问题。但是，这种健康问题可能与化学物质有关：20 世纪 70 年代，科学家对流传于世的牛顿的一撮头发进行检测，结果显示存在高浓度的铅和水银，这很可能是因为他长期做化学试验导致的。

不论牛顿患病是由于生理还是心理方面的原因，他在康复后决心实施自己早先曾经考虑过的一项计划，离开剑桥。1694 年初，哈利法克斯伯爵查尔斯·蒙塔克（Charles Montague）就任英国财政大臣。蒙塔克曾是三一学院的学生，后担任讲师，他也是牛顿这位三一学院最杰出的成员的崇拜者。他借助自己的职权任命牛顿担任皇家造币厂总监，这一职位让牛顿可以离开剑桥，前往伦敦。

皇家造币厂当时主管生产全国流通的所有硬币。实际生产区设在伦敦塔，伦敦塔的四周当时还有护城河环绕，造币负责人可以自由选择在塔内办公和食宿。于是，牛顿彻底告别了大学生活，收拾行囊移居伦敦。

皇家造币厂主管

造币厂当时约有500名员工，拥有自己压制硬币所需的马拉机械装置。前任总监和现任主管（即牛顿的上司）都认为自己的职位是闲差，光拿薪水不干活。牛顿上任后立即着手改变现状，当时的造币厂迫切呼唤改革，因为局势已经比较严重，造币厂的工作状态实际上已经影响到英国全国的经济。牛顿的想法是重铸：即召回旧版硬币，代之以新铸硬币。旧版硬币大多材质纤薄，磨损严重，其中更多的还是赝品。当时社会上“修剪”硬币的做法相当普遍（“修剪”即切除硬币边缘的一小部分材质，随后调整硬币的形状，尽量消除掉修剪过的痕迹）。造币厂没有质检体系，硬币的重量差异很大。虽然在牛顿上任后不久，造币厂就对硬币边缘外形进行了规定，以杜绝修剪，但这种做法收效甚微，无法推广。尽管伪造钱币在当时是死罪，但由于简单易行，政府根本无法控制。实际上，当时伪造钱币的现象已经相当普遍，英国已濒临破产的边缘，因为没有人信任国家铸币，国家贵重金属储备已经告罄，民众将新铸钱币熔成贵重金属块偷运出国，国内不断发生暴乱——工人不相信政府支付给他们的工资是可以流通的真正货币。在英国这样一个银行业和贸易占有重要地位的国家，当时全国前景黯淡，政府无力挽回局面。牛顿的新上司——造币厂厂长托马斯·尼尔长期纵情于赌博和酗酒，对造币厂生产出的每一盎司的金银钱币都要征收铸币税。造币厂印压钱币的模具一天分两班轮流工作，工作时间长达 20 小时，每周需要工作 6 天。牛顿仔细研究了硬币铸造的所有流程，考虑提高工作效率的方法。

当时的造币厂正在想法应对故意抬高金属原料价格的不义承包商，牛顿无与伦比的运算能力自然成了无价之宝。举例而言，他估计一磅（合 0.454 千克）合金（用于铸造硬币的较为廉价的铜、银或金的合金材质）的价格应该是七个半便士。当一家供应公司报价十二个半便士时，牛顿就可以用事实和他们对质。随着越来越多的旧版硬币被召回重铸，民众对英国政府发行的货币重又树立起信心。牛顿这位新上任的副主管人缘并不是太好，这是因为他每天工作 16 个小时，在业余时间研究经济学，以鹰隼一般的犀利目光监督造币工作。然而，他在伦敦塔管理层与工人的劳资争端中支持劳动者一方。牛顿像对待科学研究一样，仔细研究了所有重要环节的状况,并做了系统的笔记。1699 年,尼尔去世,牛顿成为造币厂厂长。

与假币作斗争

作为英国皇家铸币厂的主管官员，牛顿估计大约有20%的硬币是伪造的。伪造货币在英国是大逆罪，会被处以车裂的极刑。尽管这样，为那些恶名昭著的罪犯定罪是异常困难的，不过，事实证明牛顿胜任这项任务。

他通过掩饰自己的身份而搜集了许多证据，并公之于酒吧和客栈里。英国的法律保留了古老且麻烦的习惯，以给起诉设置必要的障碍，并将政府部门从司法中分离开来。牛顿为此当上了太平绅士，并在1698年6月到1699年圣诞节期间引导了对200名证人、告密者和嫌疑犯的交叉讯问。牛顿最后得以胜诉，并在1699年2月执行了10名罪犯的死刑。后来，他下令将所有的讯问记录予以销毁。

除了大力支持发行真币以外，牛顿还找到了对付假币制造者和擅改假币形状者的其他办法。在召回旧币以重铸新币的一轮重大行动结束后，牛顿获得了更多空余时间，他积极着手解决上述问题。牛顿频繁出入低级酒吧和妓院，寻觅逃犯，与线人会面，这对于一位曾隐居于剑桥学院的学者而言可谓是难以想象的。牛顿的这种举动和他单调孤独的学院生活形成了鲜明对比，体现了其个性截然不同的一面。牛顿用科学家严谨的态度对待工作，特别敬业，对那些违反国家法律政策的人毫不手软。有证据显示，他曾在一周内判了10个人的死刑。最有名的案例是威廉·查洛纳，这位派头十足的假币贩子一度设法逃出监狱，但最终还是被处决。牛顿及其手下密探提供了查洛纳罪行的详尽证据。

也许牛顿最伟大的胜利是以国王法律代理人的身份与威廉·查洛纳对质。查洛纳密谋策动一起假的天主教阴谋活动，然后检举那些不幸被他诱骗来的共谋者。在向国会的请愿中，查洛纳控告铸币厂有偿地将工具提供给了造伪币者，并请求国会允许他检查铸币厂的生产过程以证明他的控告。他还请求国会采纳他所谓的“无法伪造的造币过程”，以及同时打击假币的计划。牛顿被激怒了，并开始着手调查，以查出查洛纳做过的其他事。在调查中，牛顿发现查洛纳参与了伪币制造。他立即起诉了查洛纳，但查洛纳先生在高层有一些朋友，因此他被无罪释放了，这让牛顿感到不满。在第二次起诉中，牛顿提供了确凿的证据，并成功地使查洛纳被判处大逆罪。1699 年 3 月 23 日，查洛纳在泰伯恩行刑场被车裂。

皇家学会主席

1703 年 11 月 30 日，牛顿被选为皇家学会主席。当时牛顿很可能问过自己：“这算是什么主席?”学会财库空空；新提出的科学设想简直是凤毛麟角；会员人数由 1680 年的 200 个人减至他上任前夕的 100 多人。更糟的是，出席学会周会的人极少，参加大会的人更少得可怜。有时参加表决的人数也就是玩两场桥牌所需的 4 个人。会员们讨论的问题主要是医学或者稀有动物的结构。

牛顿主持的头几场会议中，有一次来者寥寥无几，他只得取消了那次会议。这位愤怒的主席做出的反应是起草了一份总体规划，题为“建立皇家学会的方案”。他直言不讳地指出这个组织已不复存在，一切必须从头开始。他写道，首先学会应该重拾自己最初的使命，也就是“发现自然的构架和运行机制，(尽可能地)将其归纳为普遍规律或定理，通过观察和实验确立这些规律，然后推导出事物的成因和作用”。熟悉新自然哲学的人会发现，牛顿是在倡导使用伽利略的科学方法。

在牛顿的严格政策的统治下，皇家学会在遭人冷遇、勉强糊口地生存了50年后，终于建立了坚实的财政基础。10个月后，当克莱恩宫按计划改建完后，学会会员们像忠顺的侍臣一样聚在绝对权威的领袖周围。根据新通过的委员会条例，只有主席可以坐在上首，而两位秘书则分别坐在下首。在会议期间，委员们除非事先向主席请示，否则就不可以讲话。牛顿还立了一个规矩——权杖，作为权威的象征，只有在主席就座时，才能放在桌上。当他缺席，由副主席取代他的位置时，权杖还得放在架上。威廉·斯图克莱博士，这位后来与牛顿结为朋友的林肯郡的年轻医生，对当时的情景做了以下描述："在牛顿领导皇家学会期间，他履行自己职责时具有非凡的审慎、风度和尊严。当他要阻止任何改进自然知识的尝试时，总是非常慎重。会上没有窃窃私语、高声谈笑。他深思熟虑、严肃认真、大方得体地处理每一件事。实际上，他的风度自然地唤起了与会者的敬畏之情。"

1704年2月16日，秘书汉斯·斯隆在皇家学会的杂志中写入了以下条目："主席将他的《光学》一书赠给了学会，哈雷先生应邀通读全书，并将梗概交给学会。由于主席赠书，并且乐于将其出版，学会向他致谢。"《光学》中满是对反射、折射的细致描述，将白光分离为色光的过程，眼睛的作用方式,透镜成像,彩虹的颜色,反射式望远镜的构造,以及许多其他的内容。牛顿用英语写成《光学》一书,使更多的读者可以理解它的内容;而在《原理》中使用的古典拉丁文,则使许多潜在的读者望而却步。他的朋友,在几个月后去世的约翰·洛克,觉得第一本书难以理解,而在读《光学》时,却“轻松愉快,读懂了书中的每一处”。

真实的牛顿

- 一个人如果控制不了自己的脾气,脾气将控制你。
- 我的心经常是认真与安静,不陷入忧郁。

谦虚的牛顿

“宽阔的河流平静，学识渊博的人谦虚。”凡是对人类发展作出巨大贡献的伟大人物，都有谦虚的美德。牛顿每当在科学上获得伟大成就时，从不沾沾自喜，自以为很了不起，也从不急忙发表论文或是出版著作，以扬名于世。

1668年，牛顿成功地写了一篇著名的数学论文《无限级数的分析》。巴罗教授觉得这是一篇很有分量的论文，于是把它推荐给另外一位数学家，英国皇家学会院士约翰·柯林斯。柯林斯教授非常希望发表这篇论文，但巴罗无论怎样也无法说服牛顿答应。因为牛顿从来不发表那些自己认为半生不熟的概念，也不愿提出尚未用数学表达或以实验具体化的过程。最后，牛顿只同意巴罗教授把自己的名字透漏给柯林斯教授。尽管牛顿不愿意发表这篇论文，可还是同意把论文交给皇家学会的主席和有限的几位具备这方面专长的会员阅读。

当牛顿费尽心血算出“万有引力定律”后，他也没有急于发表，而是继续孜孜不倦地深思了数年，研究了数年，埋头于数字计算之中，从未对任何人讲过一句。后来，牛顿的朋友，大天文学家哈雷（哈雷彗星的发现者），在证明一个关于行星轨道的规律遇到困难时，专程登门请教牛顿。这是1684年11月的一天，牛顿拿出写好的关于论证“万有引力”的论文，请哈雷提意见。哈雷看后，对这一巨著感到非常惊讶。他欣喜地对牛顿说：“这真是伟大的论证、伟大的著作！”哈雷这时候才知道他所要请教的问题，正是牛顿早已解决、早已算好了的问题，心里对牛顿佩服不已。

他再三奉劝牛顿尽快发表这部伟大著作，以造福于人类。可是牛顿没有听信朋友的好意劝告，轻易地发表自己的著作。而是经过长时间的一丝不苟的反复验证和计算，确认正确无误后，才于1687年7月将《自然哲学的数学原理》发表于世。

牛顿是个十分谦虚的人，从不自高自大。曾经有人问牛顿：“你获得成功的秘诀是什么？”牛顿回答说：“假如我有一点微小成就的话，没有其他秘诀，唯有勤奋而已。”他又说：“假如我看得远些，那是因为我站在巨人们的肩上。”这些话多么意味深长啊！它生动地道出牛顿获得巨大成就的奥妙所在，这就是在前人研究成果的基础上，以献身的精神，勤奋地创造，开辟出科学的新天地。

马虎的牛顿

在家乡居住的时候，如果母亲叫牛顿去照顾羊群、收摘玉米，或者到镇里办事，他常常都会误事（就是说总办不好事情）。他最爱做的事是手上拿一本书坐在树下看，或者用小刀忙着做木工，想到什么就做什么。要不然就跑去溪边，让流水转动他自制的小水车。

牛顿做事马虎，还曾经被当地执法机关惩罚。附近的科尔斯特沃思村的地方法院记录记载，1659 年 10 月 28 日有一个名叫艾萨克·牛顿的人被罚了 3 先令 4 便士，处罚原因是“放任他的羊群破坏了田野小树”。另外又有两次罚款，每次都罚 1 先令：一次是因为“放任他的猪群践踏玉米田”；一次是“纵容他田园的篱笆毁损不予修理”。

汉娜看到艾萨克做事如此不负责之后，就派一个老仆人去监督他，同时也加以照顾和指导。汉娜那样尽心安排，不必想就知道必然失败，牛顿立刻转而去利用这位老仆人，让他代劳所有劳务，自己则溜去读书，或者做些有趣的事情。

其实，牛顿只是生活上比较马虎而已，他在科学研究上是很认真的，做实验时一丝不苟，非常严谨，所以才取得了那么伟大的成就。

孤独的牛顿

牛顿是一个孤独的人，在他的个人生活中很少有朋友。他幼时多病，是外祖母一手带大的，少年时的他智慧过人，但和其他同龄人相处得并不融洽。牛顿好像一直就是在死命读书，通宵达旦地埋头钻研——在他的生活中，几乎没有给同龄人常见的娱乐活动留下什么余地。当他后来成为著名科学家后也是如此。比方说，当时的很多作家和学者都会去咖啡屋（类似于现在的咖啡馆）碰面，买一杯咖啡或一份简餐，闲话家常，交流学术观点，看看报纸，抱怨政府，等等。酒馆的气氛和咖啡屋类似，不过可能会更嘈杂一些。牛顿在剑桥求学时，那里到处都是这样的聚会场所。但是，没有确凿证据表明，他曾参与过这些地方的社交活动。他在伦敦期间，曾在玫瑰酒馆门外搭乘公共马车，但并未进门。他有时也喜欢在大学宿舍里和同伴喝葡萄酒，但即便在这种情况下他也往往会忘记他人的存在，埋头看书。后来，牛顿接任铸币厂工作，着手追查伪造者，他的足迹遍及伦敦最不堪的阴暗角落，此时他也没有和自己雇佣的告密者和密探进行过多的私下接触。至于更加亲密的私人关系(妻子、情人),牛顿好像是一无所有,除了对法蒂奥有过短期迷恋,从没有人真正进入他的个人生活。在科学家同仁眼中,牛顿脾气暴躁,喜欢争吵,要与这样一个离经叛道而且喜欢发脾气的人共事,大家都避之唯恐不及。

在大约20年的时间里,牛顿和一位名叫约翰·维金斯的朋友一同住在自己学院的房子里,维金斯当时正准备成为一位英国国教牧师。牛顿却是个异教徒,他并不接受“圣三一”(即圣父、圣子与圣灵三位一体)的宗教信仰。这一点原本会让他被赶出学院,因为当时的大学规定,剑桥学院的所有讲师一定要担任牧师,遵守正统的国教教义,但是英王查尔斯二世的牧师为牛顿争取到了特殊的豁免权。由于宗教信仰方面存在严重冲突,因此牛顿与维金斯的友谊发展举步维艰,后来维金斯离开三一学院当上了一位乡村牧师,这使得两人更加疏远。

因此,这样一位“非常”人物在英国皇家学会享有盛誉才显得如此引人注目。牛顿的科学成就最终获得当世认可,他本人被誉为“国家宝藏”,英国以拥有这样的公民为荣。

勤奋的牛顿

牛顿从小就喜欢钻研问题，学习新知识，后来成为著名科学家以后，他也没有改变这个习惯。1663 年牛顿在剑桥大学三一学院读大三的时候，他就认真思考一些哲学问题，立志一生要追寻真理，在一本读书笔记第一页的开头写下了这样的话：“柏拉图是我的朋友，亚里士多德也是我的朋友，但真理是我更伟大的朋友。”

牛顿对科学研究的专注程度已经达到狂热的地步，让他身边的人都感到吃惊。牛顿的秘书谈到过牛顿“废寝忘食”的程度：他陷入极度的冥思苦想之中，连自己有没有吃饭都记不清楚。有时，他衣服只穿一半就一整天失神地坐在床沿上……他从不休假或休息片刻，从不骑马外出，从不散步，不玩九柱戏，也不运动；只要有一小时不看书学习，他就认为是浪费了光阴。他极少离开房间，只有当他以卢卡斯讲座教授身份讲课时才离开……由于他专心致志地工作，他经常忘记吃午饭。牛顿常常一钻进研究室，就什么都忘了，不知道自己吃过了还是没吃过，就回去继续进行研究实验。牛顿用心之专被传为佳话。

有一个叫汉弗莱的人,曾经做过牛顿的助手,协助牛顿抄写文件和做实验。他对牛顿写《自然哲学的数学原理》那段时间的生活做了这样的描述:"他对自己的研究是如此专注和认真,以致他吃得很少,时常根本忘记了要吃东西……他难得上床睡觉,直到清晨两三点、甚至五六点才就寝,也仅睡四五个小时而已。特别是春天和秋天,他经常把自己留在实验室里,有一回长达六星期之久。炉火日夜不停地燃烧,他整夜地坐守在火炉旁,然后下一夜轮到我看守,如此轮替直到他完成化学实验为止。"

由于牛顿不愿意在完全准备妥当之前透露他的构想,所以他几乎发狂地工作。汉弗莱说:"我从来没有见过他做过任何运动或休闲活动,既不骑马兜风、散步,也不玩滚木球或任何其他运动。他几乎从不离开书房,好像一分钟不做研究就会损失几小时的宝贵光阴。他既努力又认真……他吃得很少,时常还忘记了吃东西,我有时到他的书房发现他完全没有碰过食物。当我提醒他时,他会说'我没吃吗?'然后走到旁边,站着吃一两口就算吃过饭了。我可以说,我从未见过他坐在餐桌旁吃饭。"

牛顿的勤奋与严谨,是他能够做出重大发现的因素之一。

1664 年夏天至秋天，牛顿做了许多光学实验，但是，他对光的实验从狂热到失去自制，短短几天之内，就做了两个几乎使他失明的实验。

第一个近乎造成悲剧的，是他直视太阳过久。牛顿在 1691 年给他的哲学家朋友洛克写的信中回忆 20 多年前的情景："我用右眼透过玻璃片看太阳，经过很短的时间之后，转过身来面向房间里的黑暗角落，张大眼睛来观察暂留印象。起先看到一圈圈有颜色的光环；接着光环逐渐减弱，最后终于消失……这样继续试了几小时之后，我的眼睛竟无法看见光亮的物体了……眼前总是有一个光亮的大太阳，使我既不能读又不能写，只好把自己关在黑暗的房间里。三天之后视力才恢复过来，那三天时间我用尽一切方法以逃出太阳的幻影。"

牛顿所回忆的第二个实验更危险：

"我用一把钻子顶住眼眶骨头和眼睛之间，尽可能地接近眼球处，将钻子的尖端挤压眼球的后面，使我的眼睛突出，就会看到一些白的、黑的和有颜色的光环。当我不断地用钻尖搓揉眼球时，这些光环更加显著；但是，如果眼球和钻尖都停止不动，而眼球仍然被紧紧压住，光环会逐渐变弱而最终消失。在我再度搓动眼球或钻尖时，光环即重新出现。”

俄国的彼得大帝一向对英国的牛顿很景仰，他和当时的英国国王有点亲戚关系，彼得大帝到英国去访问的时候，央求英国国王安排他和牛顿见面，国王说他可以安排，但彼得必须去拜访牛顿，牛顿是不会来拜访他的，因为牛顿很忙。

科学家的生活

- 把简单的事情考虑得很复杂,可以发现新领域;把复杂的现象看得很简单,可以发现新定律。
- 愉快的生活是由愉快的思想造成的。

“猫眼”的由来

对于防盗门上的猫眼，大家都不陌生。人们在家里的防盗门上安上这个小装置，在室内就能清楚地看见室外的人和景物，靠近猫眼越近，看得就越清楚。而人在室外，眼睛无论怎样看，都看不清室内的情形。因此，猫眼成了我们日常生活的一道保障。那么，为什么我们把这种小装置叫做猫眼呢？

有一种说法认为，成年人要猫着腰透过小孔观察，像猫一样，所以把这种装置叫做猫眼；还有一种说法认为，它和我们鼎鼎大名的大科学家牛顿有关。

牛顿很喜欢养猫，这在当时的英国是很少见的。因为当时的人们讨厌猫在夜里绿幽幽的眼睛，认为是魔鬼的化身，所以拼命地屠杀猫。因此，当时英国猫的数量锐减甚至是绝迹，老鼠失去了天敌才导致了鼠疫在英国乃至欧洲大陆泛滥。

由于牛顿终身未婚，猫成了他生活中不可缺少的伙伴，但猫也给他惹了不小的麻烦，牛顿母亲去世使他极其痛苦。一天早晨，他为了平静一下，到剑桥大学的礼拜堂做礼拜时，忘了熄灭蜡烛。回家后发现，可能是猫闯的祸，蜡烛翻倒后，把摆在桌上的光学、化学手稿和其他论文都化为灰烬。

牛顿一个人待在自己家里，通宵达旦地工作，常常工作到凌晨，睡眠时间很少超过四五个小时，通过书信方式与其他学者进行交流。据说就是他发明了门上的猫洞，以便让自己的猫可以自由进出，不会打扰到自己。他就是在门上挖了一个洞，在洞上蒙了一块帆布。这个小故事还有另一种演绎，说的是牛顿在门上挖了一大一小两个洞，分别供母猫和小猫使用。

据说，人们受牛顿在门上开凿猫洞的启示，在门上设置了猫眼。当然，猫眼的功能已经发生了变化。它用两个透镜，物镜是凹透镜，目镜为凸透镜，组成一个近似于倒置的伽利略望远镜，人们在室内看见的是室外景物正立的缩小的虚像。这样，人们不用开门，就能有效地观察到外面的景象了。

牛顿吃饭

牛顿每天除抽出少量的时间锻炼身体外，大部分时间是在书房里度过的。一次，在书房中，他一边思考着问题，一边煮鸡蛋。苦苦的思索简直使他痴呆。突然，锅里的水沸腾了，他赶忙掀锅一看，“啊！”他惊叫起来，锅里煮的却是一块怀表。原来他思考问题时竟心不在焉地随手把怀表当做鸡蛋放在锅里了。

还有一次，牛顿邀请一位朋友到他家吃午饭。他研究科学入了迷，把这件事忘掉了。他的佣人照例只准备了牛顿一个人吃的午饭。临近中午，客人应邀而来。客人看见牛顿正在埋头计算题目，桌上、床上摆着稿纸、书籍。看到这种情形，客人没有打搅牛顿，见桌上摆着饭菜，以为是给他准备的，便坐下吃了起来。客人吃完后就悄悄地走了。当牛顿把题计算完了，走到餐桌旁准备吃午饭时，看见盘子里吃剩的鸡骨头，恍然大悟地说：“我以为还没有吃饭呢，看来我是吃了。”

这些故事究竟是真是假，并不重要，但牛顿的确是一个沉思默想、不拘小节、刻苦钻研的人，他对科学极度的专心，总是想着星辰的旋转、宇宙的变化，而进入了忘我的境界。

牛顿买镜子

有一次，一位来访的客人请他估价一具三棱镜。牛顿当时正在思考光学实验的事，看到这个玻璃三棱镜，一下子就被这具可以用做科学研究的三棱镜吸引住了，他马上想到这是一个最佳的测验光线反射、折射的材料，便毫不迟疑地回答说："它是一件无价之宝！"客人一看牛顿对棱镜特别喜爱，就表示愿意卖给他，还故意要了一个高价。牛顿立即欣喜地把它买了下来，他的管家知道了这件事后，生气地说："咳，你真是个书呆子，你只要照玻璃的重量折一个价就行了！"

牛顿少年时代在一首诗里表达自己的远大抱负：

世俗的冠冕啊，我鄙视它如同脚下的尘土，
它是沉重的，而最终也只是一场空虚；
可是现在我愉快地欢迎顶荆棘冠冕，
尽管刺得人痛，但味道主要的是甜；
我看见光荣之冠在我的面前呈现，
它充满幸福，永恒无边。

牛顿求婚

可以说,每一个伟大的科学家都是富有激情、富有理想的诗人,但牛顿是一个追求用科学中的光线谱来解释他的理想的特殊类型的诗人。他让他的思想展翅飞翔,以整个宇宙作为藩篱。在他的整个心田里,填满了自然、宇宙。也许这是他终身未娶的最根本原因。不过,牛顿并没有完全与爱情绝缘。他一生中有过两次恋爱。

牛顿 23 岁在剑桥大学求学时,由于剑桥附近发生了瘟疫,学校放假。牛顿回到乡下,住在舅父家里。在那里,他爱上了美丽、聪明、好学、富有思想的表妹。表妹也很喜欢这个学识渊博、卓见非凡的大学生。他们常常一起散步。牛顿喜欢即兴发表长篇讲话,他的讲话内容又多是他正在学习和研究的问题。表妹虽听不懂,但她还是耐心地听,似乎觉得很有趣。牛顿在心里想:“这样一个可爱的女子,对于我所讲的觉得这样有味,一定很不错。当然,她的脑筋一定也很好,是个不平凡的女子。如果能得到她的帮助,解决我的许多困难问题,与我共同工作,那该多好啊!”

但是牛顿生性腼腆,并未及时向表妹表白心中的爱情。

等他回到剑桥大学后，又聚精会神地沉浸到科学研究中去了。他早已忘记了远方的乡村还有一位美丽的少女在等着他。他对个人生活一直不予重视，而她的表妹却误以为牛顿对她冷淡，便择夫另嫁了，令醉心于科学研究的牛顿耽误了一次爱情的大好时机。

牛顿实在太忙了，他连做梦想的都是宇宙、世界。他往往领带不结，鞋带不系好，马裤纽扣也不扣好，就走进大学餐厅。尽管如此，牛顿毕竟是个年轻人，还有一颗浪漫的心。有一次，“青春迫不及待的激情”促使他向一位年轻姑娘求婚。他轻轻地握着她的手，含情脉脉地看着这位美人。正在这紧要关头，他的心思忽地溜到另一个世界去了。他的头脑中只剩下无穷量的二项式定理。他像做梦似的，下意识地抓住情人的一个手指，把它当成是通烟斗的通条，硬往烟斗里塞。姑娘痛得大叫一声，他才清醒过来。面对吃惊的姑娘，他连忙像只绵羊似的柔声道歉：“啊，亲爱的，饶恕我吧！我知道，我是不行了。看来，我是该打一辈子光棍！”

姑娘饶恕了牛顿，却无法理解他，爱情又成了泡影。科学上许多新的问题不断扑向牛顿的脑海，他整个热情都集中到了科学事业上。此后那种“青春的热情”再也没有涌现“多彩的旋律”。

吹肥皂泡的疯老头

牛顿搬进一幢新楼以后，开始研究光线在薄面上是怎样反射的。他每天都在读书、思考。早上起床穿衣服，突然想到了研究中的问题，他就像被定身法定住了一样，呆住了，然后开始实验或工作，所以他时常穿错了袜子或者在夏天穿上秋天的衣服。

“太阳光是最好的光源，肥皂泡是最理想的薄面，太阳光照到上面，它为什么会变得五颜六色呢？”

牛顿的脑子里翻江倒海了。他提着一桶肥皂水走到院子里，吹起了肥皂泡。你看，他那两只眼睛直盯着飘来飘去的肥皂泡，一个泡破了，接着又吹一个，从太阳一出来他就吹，一吹就是几个小时。

邻居家的小孩子从楼窗上伸出头来，冲他叫：“疯老头！你一只脚没穿袜子！”

邻居家的老太太摇着头：“真是老小，老小，老了倒成了孩子了！”

后来，当人们知道了这疯老头就是英国皇家学会的研究员，他吹肥皂泡是在研究学问时，不禁对他肃然起敬。

牛顿与苹果

一提到牛顿，可以说没有人不知道他与苹果的故事。牛顿去世后，他被当做发现宇宙规律的英雄人物继而被赋予传奇色彩，牛顿与苹果的故事更是广为流传。牛顿发现万有引力的灵感从何而来，一直为人们所津津乐道的故事，就是苹果落地。这个故事已经流传了300多年，实际上，没有对前人已有知识的掌握，没有充分的科学思考，牛顿不可能一下子发现这个道理。关于苹果落地，有几种说法：

首先是一位名叫斯蒂克利的传记作者，他在牛顿去世前一年访问了牛顿，在牛顿最后定居的肯辛顿，两人在花园中散步时，牛顿向斯蒂克利指出，正是在这个地方，他第一次觉悟到重力的道理。斯蒂克利回忆道："在几株苹果树阴之下，只有他和我两人，谈论了许多事情，他告诉我，当年正是在与此相同的情景下，重力的观念进入了他的脑中。那一刻刚好落下了一个苹果，他开始陷入冥思。"

另一个说法是法国大思想家、文学家伏尔泰写的《牛顿哲学原理》中的描述。书中写道："根据牛顿的外甥女康杜伊特太太所说，牛顿回到乡下之后，看到园子里的果子落满地上。就在1666年的某一天，他陷入沉思之时，忽然想到物体掉落地面所走的是一条直线，如果这条线一直延长下去，它几乎会通过地球中心。”伏尔泰本人并没有见到牛顿，这应是他从牛顿的妹妹那里听到的。

还有一桩当年的传说，是由彭伯顿传下来的。他是《自然哲学的数学原理》第三版的主编，他叙述那个情景：“导致他写出《自然哲学的数学原理》的最早思想启发，是在1666年逃避大瘟疫、从剑桥回家之后产生的。他时常单独坐在园子里，并陷入了对重力的沉思。”

据说这是在1666年夏末一个温暖的傍晚，在英格兰林肯郡伍尔索普，一个腋下夹着一本书的年轻人走进他母亲家的花园里，坐在一棵树下，开始埋头读他的书。当他翻动书页时，他头顶的树枝中有样东西晃动起来。一只历史上最著名的苹果落了下来，打在23岁的艾萨克·牛顿的头上，恰巧在那天，牛顿正苦苦思索着一个问题：是什么力量使月球保持在环绕地球运行的轨道上，以及使行星保持在其环绕太阳运行的轨道上？为什么这只打中他脑袋的苹果会坠落到地上？正是从思考这一问题开始，他找到了这些的答案——万有引力理论。由于牛顿的《自然哲学的数学原理》一书用的是欧几里德几何学的表述方式，它是一个严密的、完美的体系，书中没有叙述苹果落地的故事，致使许多人对苹果落地一说持保留意见。

实际上，牛顿的亲戚和朋友多次证实苹果落地的故事。伏尔泰曾追忆过，他在牛顿去世前一年，即1726年去英国时，听牛顿的继姊妹说过，一天，牛顿躺在苹果树下，忽然看到一个苹果落地，引起了他的思考。牛顿灵机一动，脑中突然形成一种观点：苹果落地和行星绕日会不会由同一宇宙规律所支配的？伏尔泰将它写入《牛顿哲学原理》一书中，这种说法流传开来，牛顿家乡的这棵苹果树后来被移植到剑桥大学中。

还有牛顿晚年的另一位密友潘伯顿在有关追忆牛顿的著作中，也谈及因苹果落地而引起验证引力平方反比关系的故事。牛顿在晚年再次讲述当时苹果的故事，那时离苹果落地时已经60年过去了，为什么一个老人对此事的记忆那么深刻？主要有两个原因：首先是因为万有引力定律是一项举世瞩目的辉煌的成果，当事人对触发灵感的事件当然是深深的激动和怀念的；其次是与胡克的争执也给他留下了深深的记忆，牛顿就从一个侧面澄清事实真相，认为苹果落地一说的事实应该是成立的。

牛顿之最

- 没有大胆的猜测就做不出伟大的发现。
- 如果说我比别人看得更远些，那是因为我站在了巨人的肩上。

最震撼的来访

有人说，没有哈雷，就没有《自然哲学的数学原理》这本改变历史的书，这话一点也不假。很难想象活跃的哈雷和孤僻的牛顿会成为好朋友，但二人的确是相差 14 岁的忘年交，哈雷是牛顿认为最值得信任、可以推心置腹的朋友。

牛顿把日常所见的重力和天体运动的引力统一起来，在科学史上有特别重要的意义。行星绕日运动的轨道究竟是什么情形？这是当时科学界普通关心的问题。这问题答案的公开和《原理》的出版密切相关，科学史上已有生动的记载。哈雷由开普勒第三行星运动定律推导，太阳对行星的引力应该与距离的平方成反比。但这个引力，是否能符合开普勒第一行星运动定律所述：行星的轨道是椭圆形的？哈雷无法证明，他向曾经研究过相同问题的胡克请教，也咨询其他皇家学会成员，但没有人能解答。

1684 年 1 月，C. 雷恩、哈雷和胡克 3 位当时英国科学界的著名人士在伦敦相聚讨论行星运动轨道问题。胡克虽说他已通晓，但拿不出计算结果。最后，哈雷决定去剑桥找

牛顿。

1684 年 8 月,哈雷到剑桥找牛顿,发现让他困扰很久的问题,牛顿早在几年前就得出答案了！牛顿告诉哈雷他自己已计算过了,肯定地说,行星绕日轨道是椭圆;但手稿压置多年一时找不到,应允重新计算,约期 3 个月后交稿。哈雷如约再度访剑桥,牛顿交给他一份手稿《论运动》,哈雷大为赞赏。

当时,开普勒行星运动定律只是根据观测记录归纳所得,并不了解其原理,牛顿却能解释为什么而且有观测资料支持,甚至发现推导天上的天体与地上的物体的运动,均可由同一定律解释:万有引力定律！太不可思议了,牛顿却并没有打算发表。

牛顿向来不喜欢跟人争辩,也不喜欢炫耀自己的成绩。他的很多研究都是由自己的兴趣开始,最后一个人在实验室中体会发现的乐趣。终其一生,他的很多伟大成就都是在不得已的情况下发表的。随着二人的友谊越来越深厚,哈雷铆足全力说服牛顿,将他这个非凡的发现公布出来,并分卷整理成书出版出来。牛顿同意了。

此后的 18 个月里,他完成了科学史上最紧张的劳作。1686 年 4 月,牛顿将他这部杰作的头三分之一递交并题献给皇家学会。他把这部书的标题定为《自然哲学的数学原理》(Mathematical Principles of Natural Philosophy),人们一般将它称作《原理》。据记载,《原理》共分三册:第一册讲的是在没有摩擦力和阻力的情况下的运动;第二册是关于液体的运动和摩擦力对于在液体中的固体运动的影响;第三册则题为《世界的体系》。

哈雷想尽各种办法,才让牛顿答应写书,好不容易说动皇家学会同意出版这本书,结果皇家学会却因濒临破产而无法印刷,哈雷于是自掏腰包,可是偏碰上哈雷的父亲去世,他自己财力上也很困难,于是,所有出版事务都由哈雷一手包办:和印刷商周旋、校对、验算数据、画图。这期间,另外一位科学家胡克曾宣称是他先发现了万有引力,牛顿很气愤,心灰意冷之下不想出版了,结果又是哈雷从中周旋,鼓励支持牛顿,这本巨著才有机会呈现在世人眼前。

《原理》一书出版后很受欢迎,但真正看得懂的人屈指可数,因此需要有人宣传解读,这个不二人选当然就是哈雷。哈雷寄了一封信给当时的英王,以《论海潮》为题,深入浅出地介绍潮汐现象。由此可知,哈雷是个很优秀的科普作家,同时也很有外交手腕;潮汐的确是个很好的宣传话题,它与天文、物理相关,同时又与当时在经济、军事上扮演重要地位的航海学有重要关系，当然国王会大感兴趣。

1687 年 7 月，《自然哲学的数学原理》第 1 版问世，时距 1664 年牛顿开始思考并进行草算已 23 年。《原理》第 2 版于 1713 年出版，第 3 版于 1725 年出版。《原理》原用拉丁文写成，牛顿逝世两年后由 A. 莫特译成英文付印，即现今所见的流行的《原理》英文本。

最著名的一本书

1687年，历史迎来了一个重大的里程碑事件：牛顿最有名的一本书出版问世，这本书涵盖了牛顿全情投入所换来的大部分工作成果。这就是《自然哲学的数学原理》，人们通常将这部鸿篇巨制简称为《原理》(Principia)，本书用拉丁语写成，一共有三部分，写作风格相当规范严谨，非专业人士很难看得懂，不过牛顿花费了大量精力，对书中涉及的所有专业术语一一进行了定义。其中的第一卷和第二卷奠定了现代科学的基础，牛顿在书中提出了运动的三大定律。书中还详细阐释了一些重要概念，如物质、向心力和离心力以及运动。第三卷主要探讨天文学，并将第一卷提出的命题与已知的天文现象联系起来。

当代人李敖曾说过“牛顿其人，500年不朽；牛顿其文，1000年不朽”，指的就是这本书。这本书代表了经典物理学的巅峰，牛顿把从大到天上的皓月星辰，小到地上的潮起潮落，一切的自然规律都纳入到了他那本震古烁今的《原理》中。这本书就像是神话中的魔法书，读懂了它就可以预测一切天文奇观。我们前面说过伽利略为经典力学打下了基桩，牛顿在上面构筑了雄伟的大厦，而《原理》就是这座大厦的丰碑。

科学巨著《自然哲学的数学原理》发表后，提出了物体机械运动的三大定律和万有引力定律，这些定律构成一个统一的体系，把天上和地上的物体运动概括在一个理论中，牛顿力学体系确立起来。人们把牛顿力学体系的建立作为近代科学形成的标志，认为这是人类认识史上对自然规律的第一次理论上的概括和总结，所以有人把它誉为“从古至今最伟大的科学巨著”。

促成这部伟大科学巨著诞生的是英国著名天文学家哈雷。本来牛顿已经离开了这一领域的研究，正是哈雷的提问（如何从平方反比律得到椭圆轨道）将他的注意力又召唤回来，在经历了18个月充满激情的计算与写作以及斗争后，《自然哲学的数学原理》——也许是有史以来最伟大的一本书——终于诞生了。在正式出版前，这本书和作者的名字就已经传遍了整个欧洲的知识界，并且人们当时就已经意识到了这本书的伟大之处。1684年的一天，有三个人约好在伦敦的一家咖啡馆见面，一个是牛顿，另一个就是哈雷，还有一个是牛顿学术上的死对头胡克。哈雷一向对行星运行的原理很感兴趣，他向另外两位请教一个问题："行星环绕太阳运行的作用力，会与其跟太阳的距离平方成反比吗?"虽然胡克指出根据此原理的所有天体的运动定律都有待于证明，胡克还说他已经证明过这个结果，只是不愿意向任何人透露这个秘密，胡克并没有作出令人信服的解释。哈雷在与牛顿的接触中，逐渐摸到他的脾气。有一天哈雷问牛顿："如果行星受太阳的吸引，且它们之间的作用力和它们的距离平方成反比的话，依你看来行星所走的路线是什么形状呢?"牛顿毫不犹豫地回答是椭圆形的。哈雷博士既惊喜又诧异，连忙问他是怎样知道的? 牛顿回答说："怎么，是我计算出来的呀!"哈雷当场请教计算的方法。牛顿立即在纸堆中翻寻，可是他找不到计算的草稿，他答应重新计算并以后寄给哈雷。

哈雷等了三个月，终于得到了一本超过他期望的文稿，名为《绕转物体的研究》，这就是后来《自然哲学的数学原理》的初稿。

《自然哲学的数学原理》在结构上，是以哈雷写的并由理查森译成英文的颂诗开始，接着是牛顿为第一、二、三版写的序言和科茨为第二版写的长序，然后是定义和运动定理或定律。定义有8个，它们是关于质量、动量、惯性、外加力、向心力、向心力的绝对量、向心力的加速度量和向心力的动量。

并有一个关于绝对的和相对的时间、空间、处所和运动的定义及其说明的注释。《运动定理或定律》中包括3个运动定律和6个系及一个注释。再后，即正文，由第一、二、三卷组成。第一卷主要是理论基础，有数学和万有引力定律。第二卷介绍流体力学的开创性研究。第三卷介绍天体力学和宇宙系统的开拓性研究。

《原理》共有三个拉丁文版，第一版由牛顿本人写作，由哈雷负责审定、印刷。第二版发表于1713年，由科茨负责校订、印刷并写了很长的序。第三版发表于1726年，由彭伯顿负责校订和印刷。它已经被译成荷兰文、英文、法文、德文、意大利文、日文、罗马尼亚文、俄文、瑞典文和中文(1935年)等文字。

哈雷是牛顿的出版商。牛顿是把原理一书献给皇家学会的，按照阿诺德的说法，这意味着是皇家学会，而不是牛顿，要负担起所有的出版费用。但是当时皇家学会正面临着破产的危险。在一次会议之后，皇家学会满意地把这个出版事项指定给了哈雷全面负责，把皮球踢给了哈雷。因此牛顿在给哈雷写信时往往会说“你的书……”。《自然哲学的数学原理》这本书最后于1687年才出版。但是在发行之后的10年间，第一版的销售量不超过数百套。可是今天，这本书已经发行了不止100版，它的译本几乎涵盖了世界上的每一种文字。这本书的出版像一阵旋风席卷了整个欧洲，受到各种各样的评审。哈雷第一个在皇家学会的《通报》中发表了书评，随后的一年中，欧洲大陆的学术杂志都陆续出现了该书的书评，这些评论终于确立了牛顿的国际声誉。

《自然哲学的数学原理》的贡献不仅使牛顿闻名世界，也使世人对宇宙的认识有了革命性的转变，还对科学产生了革命性的影响，同时这本书也打开了工业革命的大门。牛顿除解决了潮汐如何产生、彗星如何划越天空等困惑人类的古老问题之外，还引入了较新的观念，为力学和动力学的研究奠定了基础，在其后的一个世纪内，创造了持久且真实的人类文明演变。若没有这样的了解，大自然的各种力就不会得到利用，而这正是工业革命的成就：它将人类从黑暗中，从对大自然的奇想中，拉往科技时代，拉向操控宇宙之力的时代。

最大胆的设想

《自然哲学的数学原理》第一编之前有两部分重要的论述。第一部分为定义。定义共 8 条，其中有关向心力的有 5 条。牛顿说，施加于物体的力有不同来源，例如撞击、压力和向心力。向心力一词是牛顿创造的（在另一场合即惠更斯称之为离心力的补充词）。牛顿在定义一章中有长篇诠释，其中提到了一个假想实验：“在高山上发射炮弹、炮力不足，炮弹飞了一阵便以弧形曲线下落地面。假如炮力足够大，炮弹将绕地球面周行，这是向心力的表演。”

牛顿发现人掷出去的石头总会偏离掷出方向落回地面，于是牛顿提出了这个“大炮”的设想，他画的“大炮”草图——在地球的一座高山上架起一只水平大炮，以不同的速度将炮弹平射出去，射出速度越大，炮弹落地点就离山脚越远。他推想：当射出速度足够大时，炮弹将会如何运动呢？牛顿通过科学的推理得出了一个重要的结论。牛顿说只要这门炮的威力足够大，炮弹的速度足够快，炮弹就可以围绕地球不停地转而不会掉下来。那炮弹的速度是多少才不会掉下来呢？又是为什么呢？我们已经知道物体在空中自由下落的速度是4.9米每秒，而地球是圆形的，每7.9公里就向地平线下下降4.9米，如果炮弹每秒飞行7.9公里同时下降4.9米，那这发炮弹就永远不会掉下来了。

这就是著名的“牛顿大炮”的故事，故事中牛顿实际也用到了理想实验的研究方法。今日人造卫星的设想在那时的牛顿脑子里已浮现出来了。在这个故事中牛顿尽情阐述了他的时空绝对性概念。他对人们熟知的空间与时间，提出绝对空间和绝对时间的概念。牛顿认为，只有在绝对空间中绝对运动才可以觉察，特别是在物体旋转时。当时惠更斯和英国大主教G.贝克莱对此表示疑问。无论如何，这表达了牛顿对力与时空的基本观点，是研究牛顿的重要原始文献。

最天才的数学家

1697年,莱布尼茨和一位瑞士数学家贝努利提出了一道数学问题,借此向欧洲数学家发出挑战。欧洲各国的数学家本来并没觉得这是个多难解决的问题,于是一个个宣称自己一定能解出这个题。可是当他们接过题目之后,却发现确实不知该从何入手,纷纷败下阵来。但没尝试过的数学家们又一个个不服气,他们不相信竟然会有这样难的数学题。于是一个失败了,另外一个又迎上去,结果,这道题目问世之后很长时间,欧洲那么多的数学家都拿它毫无办法,他们全都束手无策。

后来,有人想到了牛顿,把题目告诉了这位数学天才,希望他能解答出这道让全欧洲数学家都头疼的题目。牛顿这时候正担任皇家铸币厂的副主管,忙着对铸币进行改革,与假币制造者斗智斗勇,天天被这些事情缠得焦头烂额,每天下班回家都累得够呛。但是,当一天下午牛顿得知这一问题后,一下班回到家他就开始思索,结果在次日凌晨4点,他就解出了这道难题。但牛顿是个很低调的人,他并不想让人知道是他解出了这道问题，只是想让人们知道这个题目应该怎样解决而已，所以他以匿名方式公布了问题的答案。但出题人贝努利猜出了解题人的身份：他说自己是“通过（牛顿）特有的解题风格猜出真相的”。

最幸运的"叛乱分子"

17世纪80年代，剑桥大学三一学院的"象牙塔"受到了英国国内重大事件的强烈冲击：1687年英王詹姆斯二世从兄长查尔斯二世手中继承了王位。詹姆斯国王是天主教徒，他企图迫使剑桥大学跳过考试和宣誓效忠国教教会的关键环节，就接纳一名本笃会僧侣。大学对于英王粗暴干预其内务的行为表现出了强烈的不满，令人惊讶的是，牛顿居然是此次反抗英王专制的剑桥领袖人物之一，因为他一直以来都沉浸在科学研究之中，全然是一副不食人间烟火、超然物外的离世姿态。

但是，这需要超人的胆量和巨大的勇气。接下来的日子里，牛顿和其他八位讲师都受到杰夫瑞法官的审讯，此人在前一年曾以叛乱罪判处了300人死刑。反对者们的命运堪忧。幸运的是，1688年，新教奥林奇派的威廉领导起义，将詹姆斯国王赶下了宝座，剑桥的这帮"叛乱分子"逃过一劫。

最伟大的英国人

1642年1月8日凌晨4点，在其故乡意大利，78岁的伽利略走到了人生的尽头，他不断地重复着一句话："追求科学需要特殊的勇气。"声音越来越轻。终于，伽利略吐出了最后一口气，合上了眼睛，一位科学巨星陨落了。冬去春来，斗转星移，整整一年后，在英格兰的林肯郡有一名男婴呱呱坠地，一位新的科学巨星诞生了，力学的接力棒从伽利略手上交到了这名男婴的手上，这名男婴叫做艾萨克·牛顿。

当西元1727年牛顿以85岁的高龄过世时，英国人将他葬于西敏寺。西敏寺的前身是一个修道院，1579年，英国女王伊丽莎白一世将西敏寺改为学院，校长由英国君主任命。西敏寺的正式名称因此改为"威斯敏斯特圣彼得学院教堂"，其后三个世纪，西敏寺成为牛津与剑桥之后的第三所英国高等学府。诗人亚历山大·波普(Alexander Pope)为牛顿写下了以下这段墓志铭：Nature and Nature's law lay hid in night ; God said, "Let Newton be," and all was light. 中文译为："自然与自然的定律，都隐藏在黑暗之中；上帝说'让牛

顿来吧!’于是,一切变为光明。”或者说:“道法自然,久藏玄冥。天降牛顿,万物生明。”还有的译为:“沧海月明夜,万物匿其形,天公降牛顿,处处皆光明。”

但这段墓志铭没有刻在牛顿的墓碑上,英国政府在他的墓碑上镌刻的是:让人类欢呼/曾经存在过这样伟大的/一位人类之光。

牛顿之墓

900 多年来,西敏寺除了供信徒做礼拜、祈祷、膜拜之外,也是英国庆典的重要场所。英国的社会名流无不以死后能安葬于此为荣耀。而根据统计,占地面积达 2972 平方米的西敏寺(威斯敏斯特圣彼得学院教堂)内,安葬了共 3300 多人,包括历代君主、贵族、诗人、科学家、政治家、将军、音乐家和著名演员。达尔文、狄更斯、牛顿、丘吉尔……无数在英国有着深远影响的历史人物都安息在西敏寺中,也有许多名人,本身并没葬在这里,却有写上其名字的石板嵌在地上作为纪念,他们在西敏寺内各据一方。而最著名的便是牛顿,他是人类历史上第一个获得国葬的自然科学家。他的墓地位于威斯敏斯特教堂正面大厅的中央,也就是中殿(nave)

那里，墓地上方耸立着一尊牛顿的雕像，其石像倚坐在一堆书籍上，双手没有合十。身边有两位天使，还有一个巨大的地球造型以纪念他在科学上的功绩。

人们普遍认为，牛顿是大科学家，是近代科学的象征。他生前就成为科学界的主宰，几乎被当做偶像崇拜。他作为英国皇家学会连任24年的终身会长，法国科学院至尊的外国院士，还兼任英国造币局局长和国会议员，并前所未有地被封为贵族，获得爵士称号。他死后作为自然科学家又第一个获得国葬，长眠于威斯敏斯特教堂这一历代帝王和第一流名人的墓地。

牛顿身后的声望有增无减。他不仅以不朽的著作《自然哲学的数学原理》、《光学》等流传于世，而且由于后继大师们的发展，他的思想观念长期统率着科学战线上的士卒。他在物理、数学研究上的主要成果，至今仍是各国大中学生必修的功课。

不管牛顿的生平有过多少谜团和争议，但这都不能降低牛顿的影响力。1726年，伏尔泰曾说过牛顿是最伟大的人，因为“他用真理的力量统治我们的头脑，而不是用武力奴役我们”。

事实上，如果你查阅一部科学百科全书的索引，你会发现有关牛顿和他的定律及发现的材料要比任何一位科学家都多两三倍。莱布尼茨并不是牛顿的朋友,他们之间曾有过非常激烈的争论。但他写道:"从世界的开始直到牛顿生活的时代为止,对数学发展的贡献绝大部分是牛顿作出的。"伟大的法国科学家拉普拉斯写到:"《原理》是人类智慧的产物中最卓越的杰作。"拉格朗日经常说牛顿是有史以来最伟大的天才。

在美国学者麦克·哈特所著的《历史上最有影响的100名人排行榜》中,牛顿名列第2位,仅次于穆罕默德。书中指出:在牛顿诞生后的数百年里,人们的生活方式发生了翻天覆地的变化,而这些变化大都是基于牛顿的理论和发现。而从大多数人的日常活动看,公元1500年时的大部分人仍过着与公元前1500年的人差不多的生活。但是在过去500年里,随着现代科学的兴起,大多数人的日常生活发生了革命性的变化。同1500年前的人相比,我们穿着不同,饮食不同,工作不同,更与他们不同的是我们还有大量的闲暇时间。科学发现不仅带来技术上和经济上的革命,它还完全改变了政治和宗教思想、艺术和哲学。经过这次科学革命,几乎人类活动的每一个方面都发生了变化。

2003年,英国广播公司在一次全球性的评选最伟大的英国人活动当中，牛顿被评为最伟大的英国人之首。在《伟大的英国人》系列纪录片中专门编辑了牛顿专集的历史学家特里斯特拉姆·亨特表示："全球的公众意识到牛顿的成就是世界性的，而且对全人类都产生影响。这些投票者显然都跨越了国界，我对于牛顿的一马当先感到高兴。"

牛顿与我们

- 如果说我对世界有些微贡献的话，那不是由于别的，而是由于我的辛勤耐久的思索所致。
- 谦虚对于优点犹如图画中的阴影，会使之更加有力，更加突出。

地球的形状：橘子、西瓜？

对于地球形状的认识是人类科学进步的一个标志。现在人们对地球的形状已有了一个明确的认识：地球并不是一个正球体，而是一个两极稍扁，赤道略鼓的不规则球体。但得到这一正确认识却经过了相当漫长的过程。其中，牛顿的研究迈出了关键的一步。

在我国，早在2000多年前的周朝，就存在着一种“天圆如张盖、地方如棋局”的盖天说。随着生产技术的发展，人类活动范围的扩大，各种知识的积累，人们终于发现，有一些客观现象是无法用早期的那种直观而质朴的观念来解释的。实践迫使人们不得不修改原来的错误观念，于是便有人提出了拱形大地的设想。这就产生了“浑天说”。汉朝科学家张衡在其所作的《浑天仪注》中写道：“浑天如鸡子，天体圆如弹丸，地如鸡中黄，孤居于内，天大而地小。天表里有水，天之包地，犹壳之裹黄。天地各乘气而立，载水而浮。”

公元前3世纪，球形大地的观念就已经产生，但这毕竟

没有直接的证据，所以人们对此并没形成共识。直到 1519 年至 1522 年，葡萄牙人麦哲伦率领的船队完成环球航行，进一步证实地球确实是个球体。从此，人们才统一把我们居住的“大地”称为“地球”。麦哲伦环球航行的实现，是人类最终证实地球是个大圆球的里程碑。当时西班牙国王送给航海家们的礼物，就是一个人类共同拥有，然而又不被人们真正认识的彩色地球的模型——地球仪。上面刻着一行寓意深刻的题字——“你首先拥抱了我”。

大地是圆球形状，到了 16 世纪，已经没有什么可以争论的了。但人类对地球形状的认识，并没有终止。地球是个怎样的球体呢？是浑圆体还是椭圆体，是扁球体还是长球体，是规则的还是不规则的？

1672 年，巴黎科学院派遣天文学家里希尔赴南美洲法属圭亚那首府卡宴（西经 52.5°，北纬 5°）进行天文观测。他在那里发现，随身携带的一架本来很精确的摆钟比在巴黎时每昼夜慢 2 分 28 秒，于是调整了摆的长度。想不到回巴黎后，又快了 2 分 28 秒。他推测，这种奇怪现象很可能是由于地球并非是一个标准圆球体而产生的。但是那些不敢正视事实的“权威”们，反而攻击里希尔“违背科学”，甚至把他赶出了巴黎科学院。

一波未平一波又起。一艘满载5000吨青鱼的荷兰渔船，经过半个多月的航行，从鹿特丹来到非洲赤道附近的一个城市。在货物过磅时，竟发现有19吨青鱼不翼而飞。这条船在航行中从未靠过岸，而且包装和件数都原封不动，显然不是失窃所为。“难道鱼儿游回了大海？”船长百思不得其解。原来，这也是地球开的玩笑。

但是，正当法国人把里希尔视为“科学垃圾”清除之际，有两个人却在“垃圾”中发现了黄金的闪光，那就是英国的牛顿和荷兰著名天文学家惠更斯（C. Huygens，1629—1695）。他们不谋而合地指出，这一发现证实了他们原先的猜测：地球在自转惯性离心力作用下，应该是两极稍扁、赤道略鼓的椭球体。

尤其是牛顿，深知进一步搞清地球形状和大小的重要性。牛顿在微积分领域所作的贡献使人们可以测量曲线围成的面积和曲线运动。这是因为采用微积分方法可以解决速度和尺寸可变的数学问题。据此，牛顿推算出从地球赤道到地心的距离。他还推算出地球上的伦敦和巴黎到地心的距离。假如地球真的是像一个标准圆球那样的正球体，那么这三个距离数据应该是相等的，因为地球表面上一点到地心的距离应该都是相同的。但是，事实并非如此，牛顿推算出

地球在南北两极略扁。地球的形状更像是一只两头略微外凸的橘子,而并非标准的球体。因此,人类对地球形状的理解从此发生了变化。量化的科学方法具有十分重要的现实意义,因为这意味着人类可以进行精确的测量。这使得发明家可以预测在真实的现实世界中将会发生什么样的情况。人类从汽车到太空火箭的一切发明成就都要归功于测算压力、重量和距离的能力。在现代人看来,这种科学方法似乎是显而易见的,但在牛顿之前,这种科学方法绝对是另辟蹊径。他的计算工作改变了人们对地球形状的理解。当时的科学家才刚刚开始接受哥白尼和伽利略等人的理论,即地球是球体而非扁平的。不过,他们认为地球是一个绝对标准的球体。

牛顿指出,如果地球不是旋转体,单纯的吸引力会使它成为正球形,但是地球是个旋转体,每一质点都同时处于向心力和离心力的合力作用下。南极和北极的向心力最大;反之,赤道处离心力最大。这样,两极处就受到压缩而赤道处得以扩张,于是地球形状就成了扁球体。同时,他在望远镜观测中发现土星和木星都是扁球状,他认为地球也不会例外。他又从万有引力理论出发,提出地球由于绕轴自转,因而就不可能是正球体,而只能是一个两极压缩、赤道隆起、像橘子一样的扁球体。也就是说地球的半径随纬度的增加而变短，赤道的半径最长，极半径最短。

牛顿扁球说在法国掀起了轩然大波。巴黎科学院有一批人原本就坚决反对牛顿引力理论，现在又激烈攻击他主张的扁球说。1683 年至 1716 年间，巴黎天文台台长雅克·卡西尼（J. Cassini，1677—1756）父子在法国南部佩皮尼昂和北部敦刻尔克做了两次很粗糙的地球子午线测量，就断言“地球顺着旋转轴伸长”。他说：“地球形状并不像橘子，倒很像西瓜。”因而伏尔泰在文章里说：“关于地球的形状，在伦敦认为是个橘子，而在巴黎却把它想象成一个西瓜。”

这场“英国橘子”和“法国西瓜”的激烈论战从 17 世纪开始，差不多延续了半个多世纪。到 18 世纪 30 年代，巴黎科学院里明显地分裂成两大派：一派是“香瓜派”，以雅克·卡西尼和马拉里吉（Malad）为首；一派是“橘子派”，以数学家克莱罗（A. C. Clairaut，1713—1765）和达朗贝尔（J. L. R. D Alembert，1717—1783）为代表，并得到大哲学家狄德罗（Dinis Diderot，1713—1784）等人的支持。为裁决争端，法国国王路易十五授权巴黎科学院派出两支远征队，分赴赤道和北极地区，以便在相距甚远的两个地点测量和比较地球子午线上 1°的弧长。

1735 年，由布格（P. Bouguer，1697—1758）和拉康达明（Ch. de. La Condamine，1701—1774）率领的一队远涉重洋，到达南美的秘鲁和厄瓜多尔的安第斯山地区（南纬 1°31′）。第二年，由著名数学家莫泊丢（P. L. M. de Maupertuis，1698—1759）和克莱罗率队赴芬兰与瑞典北部的拉普兰平原（北纬 66°20′），两年后测得当地子午线一度之长为 57，422“督亚士”（Toise，法国古尺；约合 111 918 米）。往南的远征队由于碰上当地内战等种种阻挠，历尽 10 年艰辛，最后测得当地子午线一度之长为 56 748“督亚士”（约合 110 604 米）。比较两地观测数据后表明，牛顿的推测是正确的。莫泊丢本来怀疑牛顿的见解，现在也完全信服了。于是“橘子派”大获全胜。因为他们用事实证明了牛顿的扁球说理论是完全正确的。为此伏尔泰风趣地写道：两个远征队用最雄辩的事实，“终于把两极和卡西尼都一起压下去了”。

当然，随着现代科学技术的发展，认识地球的手段发生了全新变化。从宇宙空间观看地球时，它既不像梨，也不像鸡蛋……最好还是把它说成是一个不规则的球体。我们脚下的地球，它的实际形状、不规则原因、变化趋势和影响因素，仍然是有待深入探索的自然之谜。

听懂潮汐的秘密

无论海面风平浪静还是波涛汹涌，居住在海滨的人，每天都会看到海水有规律地进涨退落，这种现象就叫潮汐。它是海面一种长周期的波动现象，在垂直方向上表现为潮位的升降，而在水平方向上表现为潮流的涨落。潮汐现象就像大海的脉搏一样，每天都有规律地起落跳动着。

千百年来，人们经过长期观测，逐渐发现了潮汐与月球的关系。古希腊人认为“月亮产生潮汐”。我国东汉王充在《论衡》中指出：“涛（即潮，古代通用）之起也，随月盛衰，大小满损不齐同。”唐代窦叔蒙在《海涛志》这部潮汐专著中也指出：“潮汐作涛，必符于月。”他利用古代天文历算方法推算的半日潮周期为 12 小时 25 分 12 秒（强），与现在通用的半日潮周期相差甚微。

海平面有节奏地上下横扫沙滩的起伏规律自远古时代以来就一直受到人们的关注，人们发现，这种现象与月亮的圆缺周期有一定关系。这些对潮汐现象的看法和认识，实际上并没有错，但是由于没有理论上的解释，所以直至几百年前,即便是优秀的科学家例如伽利略、开普勒等对此也不相信。真正解开这个谜的是牛顿。1687 年,牛顿提出万有引力定律,并用数学方法证明了潮汐现象确实是由地球、月球和太阳的相对运动及其引力的变化所造成的。月、日引潮力是产生潮汐运动的原动力,它是天体引力的组成部分。

日、月对地球上水域所产生的万有引力的合力促成了潮汐。这种重力的影响因此可以解释长期似乎相当神秘的怪事。潮汐运动的现代理论的奠基人正是牛顿。

大学读书时的牛领,就连续取得三项发明创造的成就,一跃成为当时的天才科学家之一。其中的一项重大发现就是万有引力定律。牛顿善于把一些表面上看来几乎无关的事件联系起来加以考虑,以其深刻的洞察力和丰富的想象力,用自己刚发现的万有引力定律解释了一系列自然现象。“宇宙的定律就是质量的相互吸引。”他指出潮汐现象是由于万有引力效应的差异而引起的。在此以前,许多科学家很早就注意到了这样一个事实:是万有引力促使月亮围绕地球运转,又使行星围绕太阳运转,其引力大小与引体大小和距离有关。但当时以哥白尼为代表的学说却存在一个致命的缺陷:认为太阳是固定不动的。这个根本问题直至牛顿新理论的提出,天体间的相互关系才得以弄明白。

按照万有引力定律，任何两个天体或物体之间，都存在着互相吸引的力，其大小与两者质量的乘积成正比，与两者之间距离的平方成反比。物体的质量愈大，距离愈近，引力也愈大。地球的质量是月球的 81 倍，它吸引着月球绕自己运行；同时，月球对地球也有同样的吸引力。

原来，海水随着地球自转也在旋转，而旋转的物体都受到一种力的作用，使它们有离开旋转中心的倾向，这就好像旋转张开的雨伞，雨伞上水珠将要被甩出去一样。同时海水还要受到月球、太阳及其他天体的吸引力，因为月球离地球最近，所以月球的吸引力较大。这样海水在这两个力的共同作用下形成了引潮力。由于地球、月球在不断运动，地球、月球与太阳的相对位置在发生周期性变化，因此引潮力也在周期性变化，这就使潮汐现象周期性地发生。一日之内，地球上除南北两极及个别地区外，各处的潮汐均有两次涨落，每次周期 12 小时 25 分，一日两次，共 24 小时 50 分，所以潮汐涨落的时间每天都要推后 50 分钟。

引潮力是月球、太阳等天体对地球上单位质量物体的引力和对地心处单位质量物体的引力之差。太阳对地球的引潮力所引起的潮汐，称为太阳潮。太阳与地球的距离是月球与地球距离的 389 倍，因而太阳的质量虽大，但对地球的引

潮力却不及月球。月球引潮力是太阳引潮力的 2.17 倍，地球上的潮汐现象主要受月球支配，月球对地球的引潮力所引起的潮汐，称为太阴潮。月球、太阳以及其他天球的引潮力，总称天体引潮力。由天体引潮力引起的潮汐现象，称为天文潮。海洋潮汐主要就是天文潮在海洋中的体现，是天体运动的韵律。

地球上只有海洋才有潮汐现象吗？不是的。既然引潮力是一种万有引力，那么它对地球的各部分都可能引起潮汐。事实也正是如此。除了海洋潮汐之外，地球上还有大气潮汐和地球潮汐。引潮力在大气中引起的潮汐，叫做大气潮汐，也叫气潮，大气潮汐表现为对气压升降的影响。由于空气质量很小，引潮力对空气的作用，只相当于对海水作用的千分之一，因而很不明显。当月球在天顶或天底时（太阴时 0 时及 12 时），空气密度最大，大气里发生高潮，而在太阴时 6 时和 18 时，则出现低潮。引潮力在地球固体表面引起的潮汐，叫做地球潮汐，也叫地潮或固体潮。地潮表现为地球体表面的起伏。在月球引潮力的作用下，地球固体表面受力最大的地区，能产生最大幅度为 30 厘米的起伏。由于地潮相对于地球整体来说太微小，且变化缓慢，因此我们平时很难感觉到它的存在。

牛顿与钟摆

万有引力随着地球纬度的不同而有所变化。这是因为地球并非正圆的球体。哈雷不明白自己在圣海伦娜岛上观察的钟摆为何要比在伦敦家中走得慢，牛顿是这样解释的：地球两极较扁，赤道处略为凸出。钟摆在匀速前后摆动的重物的影响下保持运动。（人们必须经常给这种钟上发条，以维持其运动状态，这和发条玩具的原理是一样的。）钟摆带动了钟内复杂的机械装置，最终促使时钟指针有规律地运动。但是，地球自身的引力源自地球中心，距离赤道凸起部位越近，地球引力越弱。圣海伦娜岛比伦敦更接近赤道，哈雷在岛上设置的时钟和地球中心之间的距离比伦敦远了 17 英里（约合 27.4 公里），万有引力对钟摆施加的影响力较小。钟摆的运动周期较长，钟面显示的时间也是错误的。

牛顿的望远镜

牛顿制造的望远镜是对光学领域和天文学所作出的又一项重大贡献,他使用的技术让人们可以更好地观察天象。1668年,他设计并制作了世界上第一架反射望远镜,牛顿通过这架望远镜,考察行星运动,分析潮汐现象,预言地球不是正球体。这架反射式天文望远镜是完全由牛顿自己独立完成的,他用自己的配方做成合金,制造反射镜,自己凿模子,自己打光、做镜筒、装置部件、调整角度距离等。这架望远镜清晰度极佳,可以清楚地观测到圆圆的木星及其卫星群,也可以看到金星的角。1671年底,牛顿勉强同意让巴罗将天文望远镜带往皇家学会。好几年以后,伦敦的工艺师们试图仿制一具可用来观测的反射式天文望远镜,结果统统失败。

牛顿在吸取前人研究成果的基础上,认识到反射镜在产生影像方面比透镜更有效,这是因为透镜存在的缺陷会使影像发生扭曲。一位名叫詹姆斯·格里高利的苏格兰科学家曾经设想过利用镜子取代透镜产生影像,但实际上将这一设想成功付诸实践的正是牛顿。此外,牛顿的实验还支持了他自己的理论,即光是由频率不同的色光构成的:透镜存在的缺陷使光发生折射,由此产生的色光会使通过望远镜看到的影像发生变形(这种现象被称为色偏)。当光线被镜子反射时,白光不会发生色偏,因为光线照射在镜子表面上时会发生反射,而不会穿透镜面。

牛顿进一步拓展万有引力的内涵,他的努力促成了更多宝贵的天文学发现。他观察并推算出木星和土星及其卫星之间的关系。此外,通过分析地、日、月三大天体之间的关系,他可以解释地球上发生的种种变化(或从地球上可以观察到的变化)。月球的椭圆轨道具有可变性,随着来自地日的吸引力的不同而发生变化。这些作用力随着天体距离的变化而变化,这是因为地球绕日公转的轨道并非正圆,因此地日的间距时时不同。

揭开哈雷彗星的面纱

史上最有名的彗星，应属哈雷彗星。哈雷彗星是以首次预言其出现时间的科学家的名字命名的。牛顿的《自然哲学的数学原理》一书于1686年出版，此书提出假设，认为有些彗星有封闭的轨道，也就是会有规律地重复出现。哈雷想验证这个假设。

德国奥格斯堡市夜空中出现的代号为1680、1682和1683的彗星场景

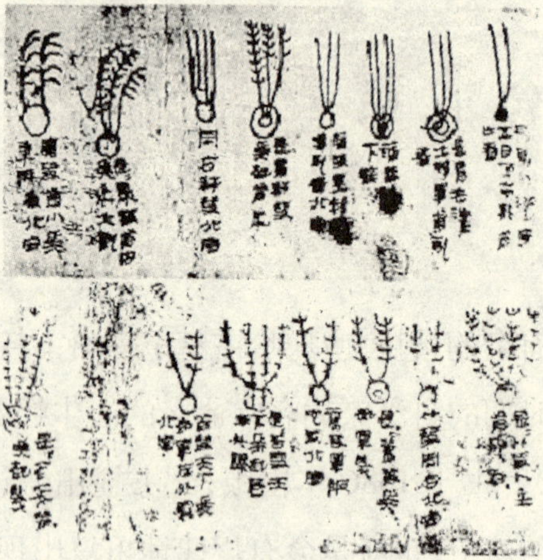

马王堆帛书中所绘的各种彗星外形

欧洲关于 1456 年哈雷彗星的图画

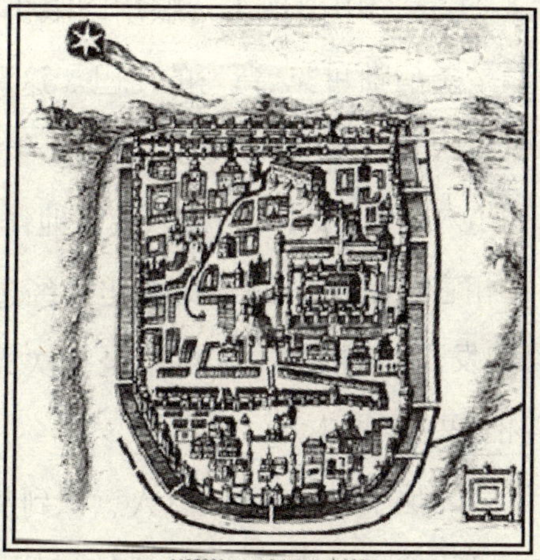

欧洲关于 1666 年哈雷彗星的图画

英国伦敦西敏寺悬挂的哈雷纪念铭牌

彗星,形状奇特,引人注目,没有理由不受到人类格外的重视。无论是中国还是外国,历史上彗星都被赋予了很多内涵。因为彗星只有在接近太阳时才能被地球上的人的肉眼看到,所以它的轨迹显得神秘莫测,直到它被近代科学“验明正身”。

1682年8月,天空中出现了一颗用肉眼可见的亮彗星,它的后面拖着一条清晰可见、弯弯的尾巴。这颗彗星的出现引起了几乎所有天文学家们的关注。当时,年仅26岁的英国天文学家哈雷对这颗彗星尤为感兴趣。他仔细观测、记录了彗星的位置和它在星空中的逐日变化。经过一段时期的观察,他惊讶地发现,这颗彗星好像不是初次光临地球的新客,而是似曾相识的老朋友。

在哈雷生活的那个时代,还没有人意识到彗星会定期回到太阳附近。自从哈雷产生了这个大胆的念头后,便怀着极大的兴趣,全身心地投入到对彗星的观测和研究中去了。《自然哲学的数学原理》的出版成为科学史上最重要的大事之一,从此之后,宇宙间各种事物的运行突然"变得井然有序"。哈雷正是利用牛顿的成就,计算出哈雷彗星的运转轨道。哈雷发现,1531年、1607年和1682年都曾出现彗星,出现的时间间隔都是75或76年,他运用牛顿万有引力定律反复推算,得出结论认为,这三次出现的彗星,并不是三颗不同的彗星,而是同一颗彗星三次出现。1705年,在通过大量的观测、研究和计算后他大胆地预言,1682年出现的那颗彗星,将于1758年底或1759年初再次回归。哈雷作出这个预言时已近50岁了,而他的预言是否正确,还需等待50年的时间。他意识到自己无法亲眼看见这颗彗星的再次回归，于是，他以种幽默而又带点遗憾的口吻说：“如果1758年时他果然再现，那么后代人将会记得，发现这颗彗星的功劳，要归给一个英国人。”

在哈雷去世10多年后，1758年圣诞节（刚好也是牛顿的生日，真是美好的巧合），它又再次出现于世人眼底。哈雷在18世纪初的预言，经过半个多世纪的时间终于得到了证实。后人为了纪念他，把这颗彗星命名为“哈雷彗星”。

1680年11月与1681年3月大彗星两度出现。牛顿开始以为是在直线上运动的两个不同的彗星，只是方向相反。夫拉姆斯蒂德通过观察提醒牛顿，这只是同一个彗星，绕着太阳运动。于是牛顿通过计算得出，1680年的彗星是以太阳为焦点作抛物线运动，它对太阳的向心力也是服从距离平方反比定律的。1695年哈雷假定这颗1680年彗星的轨道是绕着太阳运行的一个扁而长的椭圆形。哈雷与牛顿对此重作计算。在《原理》第2版和第3版的第三编中有详细的观测记录和推算，预言这颗彗星约以75年绕日运动一周，即今日所知著名的哈雷彗星（中国最早对此彗星的记录在公元前1057年）。最后牛顿在结论中说，“彗星是行星之一种，它绕太阳运行具有极大的偏心率”，但他又说“三次观测数据即可定出彗星在抛物线上运动轨道”。

在探讨天文学的《原理》第三卷中，牛顿描绘了彗星。他说，有些彗星绕地球轨道运转，运动轨迹呈很长的椭圆形。人们在地球上只能偶尔看到这些彗星的身影。但是，由于它们沿固定轨迹运动，因此会反复出现在同一地点，人类有可能预测彗星再现的时间。1695 年，牛顿的朋友爱德蒙德·哈雷仔细整理了所有彗星的观测记录。他认为，人类于 1682 年观测到的一颗彗星与 1531 年和 1607 年看到的彗星十分相似。自 1066 年的黑斯廷斯战役以来，人类不时可以观测到这颗彗星。哈雷推算出这颗彗星将于 1758 年或 1759 年再现。法国巴黎的一位科学家克莱罗(Alexis-Claude Clairaut)曾参与将牛顿的《原理》一书翻译成法文的工作，他在推算彗星再现时间方面作出了较大的贡献。一位女科学家 Hortense Lepaute 成为他的助手。两人预计这颗彗星将于 1759 年 4 月中旬重回地球，具体时间早晚不超过一个月。随着预测时间的不断临近，越来越多的人聚集在一起，仰望夜空——彗星果然再现地球，于 1759 年 3 月 14 日到达近日点。哈雷彗星最近一次的现身时间是 1986 年。

大部分彗星都不停地围绕太阳沿着很扁长的轨道运行。循椭圆形轨道运行的彗星，叫“周期彗星”。公转周期一般在3年至几世纪之间。周期只有几年的彗星多数是小彗星，直接用肉眼很难看到。不循椭圆形轨道运行的彗星，只能算是太阳系的过客，一旦离去就不见踪影。大多数彗星在天空中都是由西向东运行。但也有例外，哈雷彗星就是从东向西运行的。

现在我们都知道，哈雷彗星的周期是76年。但是，如果你以为只要知道哈雷彗星曾于哪一年回归，加76年就是它下一次回归的年份，那可不一定正确。由于彗星质量很小，当它运行经过较大的行星（如木星）附近时，很容易受行星引力影响而改变轨道；再者，每次行经太阳附近时，受太阳照射，都会损失质量，这也会影响轨道。据科学家推测，哈雷彗星的周期大约在76.0年到79.3年。不过相对于其他彗星，哈雷彗星仍旧是颗非常活跃、周期稳定的彗星。

就这样，牛顿有关彗星椭圆运动轨道的理论得到了后继事件的进一步证实。这条法则是恒常不变的，可以用于预测天文事件。

牛顿去世很长时间之后，有一件大事验证了他的一条理论——1781年，人类发现了天王星。但是当科学家试图推算其轨道时，却发现行星的实际运行轨道与利用牛顿方法推算出的轨迹不吻合。难道是牛顿的理论出了什么问题？但是如果天文学家假设还有另一颗尚未发现的行星，其引力作用影响着天王星的运动，那么依照牛顿的科学理论，天王星的运动轨迹就应该是准确的。1846 年，人类发现了海王星，根据牛顿科学研究所作的预测再次成为现实。

牛顿定律是恒常不变的：它们不仅适用于宇宙万物，还适用于一切时空。因此，我们可以据此预测物体的运行规律。这样的科学预测使人类掌握了重要的事物规律，促成了机器装置的发明，甚至还促成了火箭升入太空。

牛顿与金本位制

1696年5月2日，牛顿开始在造币厂的厂址伦敦塔办公。这一天标志着他终止了作为一名性格内向、独自行事且颇具神秘色彩的科学家的身份，转而成为一名政策执行者。出乎蒙塔古的意料，牛顿在任铸币厂总监的时期并没有安心坐享这份俸禄，而是像他从事科学研究那样，全心投入，决不半途而废。牛顿在造币厂的工作很负责，他充分利用了自己在数字和逻辑方面的天赋，快速学习会计制度，亲自清理账目，编制工作索引，不足三个月就将造币厂整顿得井井有条。

牛顿详细研究了造币厂每一班次的运转情况，记录产生的各种费用，如熔化锅的成本和使用次数等。他声称："通过实验，我发现在镀锡过程中，每产生一金衡半克朗的硬币，就要损失三克半。"牛顿的另一个贡献是提高货币铸造的精确度。他认为货币应该按照正确的重量和纯度来铸造，个体差别越小越好。某种意义上来说，牛顿对于精确的追求有着科学家式的狂热，并为之自豪，声称"这种精确是前所未有的，为政府省下了数千英镑"。由此，我们不难理解为何他在

1710年陪审团误判他铸造的金币低于标准时勃然大怒了。也正源于这种狂热，牛顿对待造假者毫不手软，有时候还亲自去刑场观看处决罪犯。

1699年年末，牛顿的顶头上司，造币厂厂长托马斯·尼尔去世，牛顿被蒙塔古任命为新厂长。成为造币厂厂长之后，牛顿的收入更高，年俸达到2000英镑。要知道，在当时这样的薪资是很高的，当年建造格林尼治天文台才花了500英镑多一点。牛顿在造币厂工作了三年后，终于如愿以偿地成为了"一把手"，这时是他施展才华的时候了。

货币上的事情并不比科学上的简单，对牛顿来说，他能够准确地预测一个苹果的运行趋势，并由此推导出"万有引力"的科学规律，但他未必能够彻底摸清货币流通中的规律。由于白银的大量流入，几尼金币的价格不断走高。政府试图抑制不断走高的价格趋势，并规定几尼金币的价格不得高于22先令，否则就拒绝用几尼金币进行纳税。然而，即便是兑换22先令，投机者也是有利可图的。投机者进口黄金，铸成几尼金币，然后兑换为银币，再将银币熔解为银块，最终销往东方获利。当时，英国采取的是复本位制，而且日常基础货币是白银，并且英镑的价格也是通过白银来体现的。如果投机者的这一套利行为无限制地、反复地持续下去，那么英国的货币系统必将崩溃。

毫无疑问,黄金的价格应该降低,但当时世界上普遍采用白银作为货币的主要成分,黄金以及其他的金属更多地被视为一种商品。1699 年,英国财政部将几尼金币的价格降至 21 先令 6 便士,希望能够制止投机者的套利行为。几尼金币的贬值暂时取得了一定的效果,黄金的进口量开始降低。

两年后,也就是 1701 年,黄金的进口量打破了历史纪录,达到了 150 英镑每盎司,而白银又开始不断地流向亚洲。这时候的牛顿刚刚上任,针对这一棘手的问题,他对欧洲大陆以及中国、日本、东印度的金银价格进行了广泛的调查,并向议会的财税委员会提交了一份调查报告。在这份报告中,他建议将几尼金币减值 10 ~ 12 便士是极其必要的,因为这样就会使英国金币中的白银含量与欧洲其他国家在贸易和兑换中的比率相一致。以牛顿的建议为基础,1717 年 12 月 22 日英国财政部发布公告,禁止任何人按照不同于 21 先令的价格收购几尼金币。

谁也没有料到,正是这个报告导致英国建立了影响深远的金本位。现在,有人将经济学家称作“经济生活中的事后诸葛亮”。这一称号不是无中生有,市场的走向往往走在了专家学者的预测前面，当事实发生了，经济学家才不无感慨地发表一通“原来如此”。对牛顿这个发现物体运动规律的天才而言，他认为凭借自己的精确预算和严密推理就能够把握正确的货币政策。但经济学显然比力学更难以理解，即便对于千年不遇的天才科学家牛顿来说也概莫能外。情况的发展证明牛顿是错误的，黄金的价格并未如他所愿而“自动下跌”。

事实上，金价根本就纹丝未动，而是稳健地保持在了 21 先令的水平上，而银币的价格则开始超过其面值。与白银的价格相比，黄金的价格确实下降了，但这是由于银价上涨的原因，与黄金价格本身无关。虽然最终结果对金银还是一个样，但货币流通市场已经以黄金取代白银作为英镑标准的格局已经形成。

实际上，牛顿无意间将黄金价格定为了每盎司（纯度为）3 英镑 17 先令 10 便士。在此后的 200 余年里，英国的黄金价格始终维持在了这个水准上，3 英镑 17 先令 10 便士也成为了一个神奇和令人敬畏的数字。现在很多学者将 1816 年作为英国实行金本位的正式年份，因为在 1816 年 6 月 22 日，英国议会通过法案，以法律的形式承认了黄金作为货币的本位来发行纸币。实际上，牛顿在 1717 年 9 月的货币报告中就作了如此建议，牛顿的改革为金本位制的形成奠定了基础。虽然固有的金银兑换率不稳定问题依然存在，但牛顿至少在英镑和黄金之间建立起了适当比例，为金本位制的形成奠定了基础。

牛顿为金本位制的形成所作出的贡献虽然可能是偶然的，但却是巨大的，连同他在自然科学上的贡献一起被后人永远铭记。

牛顿与中国

牛顿生活的年代相当于中国明亡之前一年至清雍正五年,《自然哲学的数学原理》一书发表的时间相当于康熙二十五年。从牛顿《原理》发表的1687年至1840年的150余年间,牛顿物理学和天文学知识几乎没有介绍到中国。《原理》一书的基本内容直到鸦片战争之后才在中国传播。

牛顿的经典力学绝不只是影响了自然科学界、工业和技术界,更重要的是它唤醒了人们对科学真理的认知,从而推动了社会变革和人们的思想革命。如同法国伏尔泰等人在18世纪宣传和普及牛顿物理学,从而推动了法国的启蒙运动一样,牛顿学说在中国的传播也为清末资产阶级改良派掀起社会运动提供了舆论准备。如果前者为众所周知,那后者就似乎鲜有所闻了。清末戊戌变法运动的主将康有为、梁启超和谭嗣同等人,都无一例外地从牛顿学说中寻找维新变法的根据,尤其是牛顿在科学上革故图新的精神鼓舞了清末一切希望变革社会的有志之士。

在1840年之前,欧洲文艺复兴运动以来的科学学说和科学思想，因为与圣经和神学相抵触而基本上未曾传入中国。明清之际虽有来华教士参与中国编撰历法工作，但只是在不得已情况下，才采用了开普勒或牛顿的一些天文数据。鸦片战争之后，哥白尼的太阳中心说、开普勒的椭圆轨道、牛顿的万有引力才光明正大地相继传入中国，它们和中土奉为圭臬的“天动地静”、“天圆地方”、“阴阳相感”的传统思想有天壤之别。这就不能不引起中国人的巨大反响。

1859 年刊行了三部和牛顿物理学关系密切的译著：一是李善兰和伟烈亚力合译的《谈天》；二是李善兰和艾约瑟合译的《重学》；三是李善兰和伟烈亚力合译的《代微积拾级》。这三本书原是欧美的科普著作或大学低年级的教科书。第一本译书主要讲述牛顿的万有引力概念及其定律；第二本译书介绍了牛顿的运动三大定律；第三本介绍了牛顿的微积分计算方法。而牛顿的光学实验和光学理论较为详细、准确地介绍到中国是光绪五年（1879）的事，这是通过赵元益（1840—1902）和传教士金楷理合译英国物理学家丁铎尔（1820—1902）的《光学》而完成的。可以说，1859 年是牛顿的物理学、天文学、数学比较全面、集中地传播到中国的一年，中国学者李善兰为此作出了杰出的贡献。

早期牛顿的中译名为“奈端”，力学译为“重学”，万有引力译为“摄力”。李善兰在译《重学》之前曾请教传教士艾约瑟“何谓重学?”艾约瑟答曰:“几何者,度量之学也;重学者,权衡之学也。昔我西国,以权衡之学制器,以度量之学考天;今之制器考天,皆用重学也。故重学不可不知也。”李善兰通过译书,极大地提高了自己的科学水平,甚至超过了许多传教士。他在《重学》自序中简洁地总结了牛顿的三大运动定律就是一个例证。在《谈天》自序中,李善兰指出,古希腊托勒密的学说和天地运动“不能尽合”,“刻白尔(开普勒)求其故,则知五星与月之道皆为椭圆。其法行面积与时恒有比例也。然俱仅知当然而未知所以然。奈端求其故,则以为皆重学之理也。”接着李善兰简略地叙述了牛顿怎样以“摄力”解释和计算天体的运动,并且大声疾呼:牛顿的运动定律“定论如山,不可移矣”。牛顿的万有引力理论“精深神妙,不可改也”。牛顿的物理学和天文学就这样在中国学者之间流传了。

明末清初来华耶稣会传教士传入中国的宇宙观主要是附属于神学的托勒密地心说,后来,这些教士为了向中国皇宫和中国人交出一份较中国传统更为准确的历法,才不得不采用开普勒的椭圆轨道和等面积定律。但是,他们决不放弃地心说,拒绝将地球放在椭圆的一个焦点上。这样,就在中国学术界一度引发了关于宇宙观的激烈争论。通过李善兰等学者翻译并出版上述三书,尤其是李善兰在“序”言中对于近代科学的宇宙观发出“不可更改”的呐喊,并且声称自己“主地动及椭圆之说”,又告诉读者,“此二者之故不明,则此书不能读”,这才使近代科学的宇宙观得以在中国传播开来,中国传统的盖天说、浑天说,来自西方的神化了的地心说等从此才烟消云散。李善兰的《谈天·序》是当时中国一批先进学者接受新的科学宇宙观的宣言书,成为中国人从传统宇宙观向科学宇宙观转变的一块历史界标。因此,李善兰出版《谈天·序》的1859年,是中国人宇宙观发生根本转变的标志性的一年。李善兰本人在译完《谈天》之后,也曾兴奋地预料这种转变,他说:“此书一出,海内谈天者,必将奉为宗师。”

《谈天》出版之后,引起了中国人的极大反响,该书前后重印了13次,之后又以活字印刷。1874年又由徐建寅将那些到1871年为止的西方天文、物理最新成就作补充进去,由江南制造局增订出版。梁启超称此书“最精善”。他认为,人每日居天地间而不知天地作何状,是谓大陋,因此,《谈天》一书“不可不急读”。《谈天》和《重学》两书中述及的科学思想和宇宙观不久即为青年学生熟练掌握。上海格致学院己丑年(1889)春季考课作文中,孙维新、车善至、钟天纬三人的答卷将新宇宙观描述得清晰明了,他们三人分获超等一、二、三名。在戊戌(1898)维新运动、辛亥(1911)革命过程中,这个科学的新宇宙观曾被人们当做变革社会的鼓舞力量。

牛顿学说在中国的传播不仅仅是影响了学术界,唤醒了人们对于科学真理的认识。更重要的是为中国资产阶级改良派发起的戊戌变法(1898 年)提供了一种舆论准备。这个运动的主将康有为、梁启超和谭嗣同等人,都从牛顿学说中寻找维新变法的根据,牛顿在科学上革故图新的精神也激励了他们变革社会的斗志。

在戊戌变法之前,各地相继成立学会。他们聚徒讲学,介绍西学,倡导新说,给维新变法运动提供包括自然科学方面的理论根据。曾经游历英国并精通西洋科学的王韬,撰有介绍牛顿学说的《西国天学源流》和《重学浅说》。历史学家范文澜在其著作《中国近代史》中说,王韬"著书多种,对变法运动有很大影响"。梁启超在 1897 年用半年时间读完了当时各地译出的西书,其中包括有关牛顿学说的各种著作。在一部以收集支持变法维新的论著为己任的《皇朝蓄艾文编》里,宋育仁(1858—1932)作《序》说:"昔人云通天、地、人谓之儒。由汉迄今,实践无愧者,颇难其人;惟泰西名家,如培根、奈端、兰麻克、哥白尼辈,各以颖悟辟新理,卓然名某家者,稍稍近似。岂西人智而华人愚耶!”既然不是“西人智而华人愚”,在维新变法者心中,自然只有“除旧布新”。正如一百零三天的维新运动所颁布的命令一样:废八股、办学堂,奖励新著作、新发明,广开言路、提倡实业,准许私人办厂等。

在维新派与顽固派斗争激烈的湖南,力主变法的皮锡瑞在谭嗣同创办的南学会讲学,而他的儿子,一个在哥白尼和牛顿学说影响下的年轻人,旋即著《醒世歌》:“若把地球来参详,中国并不在中央。”换句话说,大清帝国不在地中央,地不在天中央。日月五星都依据万有引力定律在宇宙太空中绕日做椭圆轨道运动。这在封建王朝的统治者和顽固派看来是多么可怕的世界观呀!难怪《醒世歌》一传开,就招来了许多训斥。

“戊戌六君子”之一的谭嗣同奋笔疾书写了一篇维新运动的激烈宣言书《仁学》,他在“自叙”中高声疾呼:“吾将哀号流涕,强聒不舍”,“冲决君主之网罗,冲决伦常之网罗,冲决天之网罗。”曾经积极推行维新变法的梁启超概括《仁学》的实质说:“《仁学》内容之精神,大略如是。英奈端倡‘打破偶像’之论,遂启近代科学;嗣同之‘冲决网罗’,正其义也。”

康有为在《康南海自编年谱》中自称“大购西书，大讲西学”，“大攻西学书，声、光、化、电、重学……专精学问，新识深思，妙悟精理，俯读仰思，日新大进。”他在《诸天讲》中又写道：“至康熙时，西一六八六年，英人奈端发明重力相引、游星公转互引，皆由吸拒力。自是天文益易明而有所入焉。奈端之功以配享哥白尼可也，故吾最敬哥、奈二子。”可见康有为对牛顿之推崇，并受牛顿学说影响之深。

可是，戊戌变法运动只有短命的一百零三天，它的失败当然不能归结为宣传牛顿科学理论的不成功，其中的原因是相当复杂的。牛顿的科学理论不仅影响了法国 18 世纪的资产阶级革命，也影响了 19 世纪和 20 世纪之交的中国社会变革，对此牛顿本人是绝不可能预料到的。在戊戌变法失败后的十几年，领导辛亥革命的孙中山先生正值青年时代，他刻苦学习，获得了大量而又系统的自然科学知识，其中包括达尔文的进化论、牛顿的万有引力学说。孙中山先生高度地评价牛顿：“达尔文发明物种进化之理，而学者多称之为时间之大发明，与牛顿氏之摄力为空间之大发明相媲美。”他还把牛顿的科学理论作为他的“建国方略之一”的一个思想基础。

不仅牛顿的科学研究影响了中国，就连他的“见苹果坠”而悟知引力的故事也曾影响了许多中国人。有些人认

为,这个故事最初是由伏尔泰编撰的。它流传如此久远,影响如此深刻,而对青少年启迪智力如此有效,是伏尔泰当初为普及牛顿力学所始料未及的。也许严肃的科学家还在追踪“苹果落地”的故事,其实我们在讲述该故事的同时,只要说明科学创造与科学发明是需要付出巨大艰辛的心力即可。这个生动的故事是于1891年传播到中国的。其时,任京师同文馆(北京大学的前身)总教习的美国教士丁韪良在其著作《西学考略》中第一次用中文撰述了这个故事。该故事也在中国传播了120多年之久。

牛顿与公众认知

牛顿对公众认知所作的一大贡献可能并不是什么细致的科学知识，而是一种科学方法：公认的真理可能会被推翻，理论需要经过观察和实验的检验，相关记录应该保留。在17世纪时，尽管世人普遍迷信魔法，但受过教育的阶层已经开始摒弃这种观念，因为科学可以解释并证实过去公认的“神秘事件”发生的原委。彗星的研究就很好地证明了这一点：过去人们一直认为彗星出现与地球上发生的事件有关，认为是恶兆，例如，1066年黑斯廷斯(Hastings)之战打响时，天边划过了一颗彗星，人们认为这预示着英军失利。牛顿的《自然哲学的数学原理》一书深入探讨了彗星问题。牛顿指出，由于一些彗星的运动轨迹是相当长的椭圆形，因此要观测这些彗星需要经过长时间的努力，不过彗星绕日运动的周期总是固定不变的，因此人们可以采用数学方法预测彗星再现地球的时间。

哈雷曾写过一首诗作为《自然哲学的数学原理》一书的序，诗中有如下几行文字：

如今我们知道

彗星陡然变向的运动方式

过去曾令我们感到恐惧

现在的我们

已不再为划过天边的一抹亮迹惴惴不安

这首诗的文采可能并不算出众，但它显然抒发了对牛顿将人类从迷信和恐惧中解救出来的感佩之情。牛顿在哈雷的协助下验证了彗星的椭圆运动轨迹，二人联手证实，推算彗星再现地球的日期并没有多少魔力成分：这只是数学演算的功劳。哈雷推算出 1682 年出现的彗星在 1607 年和 1531 年也曾现身地球，1758 年或 1759 年还将再现地球。人们兴奋地涌上街头仰望星空，搜寻彗星的踪影——彗星的再现显然验证了牛顿和哈雷的科学理论和数学推算是准确无疑的。

对科学力量如此生动形象的展示活动所产生的影响是巨大的。理性主义开始取代迷信在公众心目中的地位：天文学取代了占星术。英国皇家学会有意选取了一些迷信事件，检验其真伪：例如，据说蜘蛛无法穿越独角兽的兽角所构成的屏障。还有一些物品据说就是用这种神兽的兽角制成的

(其实可能是用犀牛或其他一些有角动物的兽角制成的)。在皇家学会的一次会议上,牛顿安排将一些“独角兽兽角”粉末摆成一个圆圈,并慎重地将一只蜘蛛放在粉末圈中央,蜘蛛径直爬走了。(顽固的迷信人士可能会对这次实验提出质疑,认为粉末状物质并不是真的独角兽兽角。但是此次实验证明,科学家开始联手向一些公认观点发出正面挑战。)

巨星的光芒

◎ 如果你问一个善于溜冰的人怎样获得成功时，他会告诉你：“跌倒了，爬起来。”这就是成功。

◎ 我不知道在别人看来，我是个什么样的人；但在我自己看来，我不过就像是一个在海滨玩耍的小孩，为不时发现比寻常更为光滑的一块卵石或比寻常更为美丽的一片贝壳而沾沾自喜，而对于展现在我面前的浩瀚的真理的海洋，却全然没有发现。

对科学的影响

1978年，美国学者麦克·哈特撰写了流行数十年的一本书：《历史上最有影响的100人排行榜(The 100, A ranking of the most influential persons in history)》。前5名分别是穆罕默德、牛顿、耶稣、佛陀和孔子。牛顿以其在科学上巨大的贡献成为唯一进入前5名的科学家。

牛顿在科学上的主要贡献是：在力学上提出三大运动定律和万有引力定律；在光学上做出了白光是由七色光组成的判决实验，发现并解释"牛顿环"的干涉现象，创制了反射望远镜并提出光的微粒说；在数学上发现了微积分运算方法和无限级数理论；等等。他的最重要的科学著作是：1687年版的《自然哲学的数学原理》(简称《原理》)，1704年版的《光学》。尤其是《原理》一书，几百年来颇受推崇。

在牛顿所处的时代，哥白尼提出了日心说，开普勒从第谷的观测资料中总结了经验的行星运动三定律，伽利略又给出了力、加速度等概念并发现了惯性定律和自由落体定律。但是，这些物理概念和物理规律还是孤立的、逻辑上各自独

立的东西。正是在这个时候,牛顿对行星及地面上的物体运动作了整体的考察,他用数学方法,使物理学成为能够表述因果性的一个完整体系。这就是我们今天所说的经典力学体系。按照牛顿所说的这个体系的原理,人们利用描写物体运动的坐标及速度的初始值,就可以确定地知道该物体的未来和过去。牛顿建立了经典物理学的具有因果关系的完整体系并得到广泛的实际应用。他所建立的力学体系不仅能说明已有的理论已经说明的现象,如充分地解释伽利略发现的惯性定律和自由落体定律,而且能说明并解释已有的理论不能说明的现象,如完满地说明开普勒的行星运动三定律。更重要的是,牛顿的力学理论能预见到新的物理现象和物理事实,并能以天文观测或实验证实它们的正确性。在万有引力理论的基础上,人们后来发现并证实海王星和冥王星的存在,这是牛顿力学理论的有力佐证。牛顿力学既可以用以说明地面上的物质运动,又可以用以解释太阳系中的行星运动,充分证明了新理论具有的自然规律的普遍性法则。

在《原理》一书中,牛顿提出了力学的三大定律和万有引力定律,对宏观物体的运动给出了精确的描述,总结了他自己的物理学发现和哲学观点。《原理》是自然科学的奠基性巨著。该著作把地面上物体的运动和太阳系内行星的运动统一在相同的物理定律之中,从而完成了人类文明史上第一次自然科学的大综合。它不仅标志了16、17世纪科学革命的顶点,也是人类文明、进步的划时代标志。它不仅总结和发展了牛顿之前物理学的几乎全部重要成果,而且也是后来所有科学著作和科学方法的楷模。

值得指出的是,牛顿的力学为18世纪的工业革命及其之后的机器生产准备了科学理论。马克思曾经认为,在18世纪臻于完善的力学是"大工业的真正科学的基础"。毫无疑问,当时这个"科学的基础"的最主要而且也是最重要的部分是牛顿的力学。

牛顿的经典力学体系和他的方法论使物理学在18、19世纪期间得以迅速发展,并成为那时理论物理学的纲领或规范。所有物质运动都要追溯或探究其是否符合牛顿的运动定律,从而把牛顿的质点运动定律推广到物体及连续体的物质运动上。19世纪下半叶,电磁场概念的产生也可以看做是牛顿引力场理论的一次重大飞跃。迄至今日,人们关于自然过程的物理认识都可以看做是牛顿思想的一种系统的发展。

另外,牛顿还为我们奠定了科学研究的方法。归纳法是17世纪英国哲学家培根提出的科学研究方法。培根

(1561—1626)的主要著作有《论学术的进展》、《新工具》、《新大西岛》等，其著作除了政论和道德哲学之外，还广泛地探讨科学研究的方法。他在科学上最重要的贡献是首先将现代称之为实验方法或归纳法的逻辑方法整理成型。

在对笛卡儿等人的科学活动进行研究后，培根反对科学概念是纯粹由哲学推论出来的说法，也不满意笛卡儿未将亚里士多德的理论完全抛弃，而去接受他以演绎法所得到的科学观点。他思考用一种由宗教来推动，以严格的逻辑法则作指导，最后用实验来证实的科学，最终目的是获得一种完全的了解和实际的应用。培根的科学方法奠定了科学革命的基础，使以后世世代代的自然科学家，包括牛顿在内，得以受惠。

牛顿在科学研究中和写作中所用的方法是不同的。在科学研究中，他关心的是认识客观事物的规律，从实验和现象的观察开始，然后通过分析、比较、模拟、因果联系、抽象和数学推理等方法，进行归纳，探索事物的本质和普遍规律，从而上升为理论。在写作中，他往往采用欧氏几何的公理系统，即演绎法，以便使在实验和观察基础上，通过归纳揭示事物本质、属性，从而提出的定理或定律，应用到各种现象上，以便得到验证和应用。如果发现了例外，再对原理进行修改，以扩大其普遍性。

在牛顿行之有效的科学方法中，还有沉思默想和敏锐的直觉。他对科学研究的兴趣和强烈爱好，对于科学真理的顽强追求，是他献身于科学事业的精神动力。这种动力与他内向孤僻的性格相结合，使他在各种争论、烦扰和社会动乱条件下，能够沉思默想和刻苦钻研。同时，广博而精深的知识，做过并汇集了大量的实验和观测结果，熟练地运用逻辑推理与数学分析的能力，加上自身的天赋和长期积累的科研经验，使他能够凭直觉做出正确的判断。科学研究上的严谨和求实也使牛顿的研究成果更加可信。

毫无疑问，牛顿为我们奠定了现代科学方法的基础，即坚持通过验证或观察方法证明理论的真伪。对于笛卡尔、惠更斯或胡克来说，这是完全没有必要的：要研究宇宙运行的规律，只需构建精细的逻辑体系即可，而不必实际观察自然世界，也不用做化学实验。这是牛顿之前的人们公认的科学态度。在牛顿之后，科学家如果不提供证据支持自己的说法，是不可能得到社会认可的。自牛顿时代以来一直主导科学发展的归纳推理方法就是建立在确凿证据的基础之上：科学家首先提出假说，然后设计实验检验理论的可行性，再通过实验得出一般性结论，牛顿的棱镜和光的性质的实验就是遵循这样的过程。牛顿同时代的科学家大多依然在使用演绎法,这种亚里士多德倡导的推理方法是通过观察得出一般性结论,然后推出科学定律,并不进行实验验证。但在牛顿之后,科学家认为一切说法都必须通过对实验的成功再现,才能得到验证。

中世纪时候,靠推理得出结论的研究方法十分盛行。到文艺复兴时代,意大利科学家伽利略自制望远镜观察天体,发现了许多以前无法用肉眼看到的星体,为科学发展作出了很大的贡献。他注重实验和实践,创立了实验和论证相结合的研究方法,被视为近代实验科学的奠基人。培根提出了唯物主义的科学研究方法。牛顿就是在前人方法的基础上从事科学研究的。牛顿的研究方法被后人总结为“归纳—演绎”法,他在实验中得出结论后,还要在进一步的实验中证明自己所得出结论的正确性,这是近代科学研究方法,牛顿是第一个充分使用这种方法的人。牛顿这种严谨的科学态度和勤奋的探索精神使牛顿做出了科学史上的伟大发现,并为近代科学的发展奠定了基础。这就是现代科学的基础,其基本原则是只有通过实验才能验证科学观点,即经验主义的科学方法。

对当代的影响

爱因斯坦在1927年为纪念牛顿逝世200周年所写的文章中说:“我觉得有必要在这样的时刻来纪念这位杰出的天才,在他以前和以后,都还没有人能像他那样地决定着西方的思想、研究和实践的方向。他不仅作为某些关键性方法的发明者来说是杰出的,而且他在善于运用他那时的经验材料上也是独特的,同时还对于数学和物理学的详细证明方法有惊人的创造才能。由于这些理由,他应当受到我们最深挚的尊敬。”

英国思想家罗素也说过一段在史学理论上曾引起争议的话:“我相信卓越的个人对于创造历史贡献甚多,我认为,如果17世纪中100名最优秀的科学家在幼年时就死去的话,整个工业社会里的普通人的生活就会与现在的情况完全不同。”“17世纪,尤其是伽利略、笛卡儿、莱布尼茨和牛顿,在对于我们理解自然方面,要比除了古希腊人之外的任何其他人,都作出了更突出的而又惊人的贡献。确实是,当时数学物理学中所使用的某些概念,并不完全具有当时所赋给它们的那种有效性。并且确实是,最近物理学的进步往往需要与17世纪那些概念全然不同的新概念。事实上,它们的概念并不是通向自然界的一切奥秘的入门,但它们却是通向自然界的许多奥秘的入门。”

牛顿在他21岁至27岁之间,创立了后来变革世界的科学理论,在1669年以前就形成了他的基本科学思想。他发现白光由几种单色光混合而成。他研究了光的反射和折射定律。他在1668年设计和制作了第一个反射望远镜。这类望远镜是今天还在使用的最主流天文望远镜。

牛顿在光学上的成就就足以使他成为最影响世界的100人之列。然而,他在数学和力学方面的成就更重要。牛顿可能在23岁或24岁的时候就发明了微积分。这是现代数学上最重要的发明。这个发明不仅催生了许多现代数学理论,而且是后来现代科学取得进步的必要工具。即使牛顿没有做其他东西,光是从发明微积分这一点就可以保证他在排行榜上占据一个相当靠前的位置。

然而,牛顿最重要的发现在力学领域。力学是关于物体怎样运动的科学。力学上最重要的问题是物体在外力作用下如何运动。这个问题被牛顿用他著名的力学第二定律解决了。这个定律是经典物理学最重要的基本理论。牛顿还有他著名的运动第三定律。这个定律说明作用力与反作用力相等。牛顿还有他最著名的科学定律,万有引力定律。牛顿的这些定律可以解释所有宏观的力学系统。从钟摆运动到星系运动,都可以解释。牛顿不仅提出了这些力学定律,他还用微积分显示这些定律如何用在解决实际问题中。

牛顿的定律已经用在非常广泛的科学和工程问题中。在牛顿有生之年,他的定律的最著名的应用就是在天文领域。在这个领域,牛顿也是领路人。1687 年,牛顿出版了他的伟大著作《自然哲学的数学原理》。牛顿在这部著作里介绍了万有引力定律和运动定律。牛顿指出这些定律是如何用来准确预测围绕太阳的行星的运动。动态天文学最重要的问题被牛顿完全解决了。牛顿常常被认为是最伟大的天文学家。

牛顿的成就还有很多。包括在热力学和声学上的巨大贡献,如他发布的非常重要的动量守恒和动量守恒原理。他还发现了数学上的二项式定律。

现在,我们可以授予牛顿最伟大最具影响力的科学家称号。那为什么他的排名比主要宗教人物耶稣和佛陀还高呢?就人们的日常生活来说,公元前 1500 年和公元 1500 年没有什么区别。但在最近的 500 年里,现代科学的

兴起完全改变了人类生活的各个方面。我们穿不同的衣服,吃不同的食物,做不同的工作,有不同的休闲方式。科学发现不仅仅是变革了技术和经济,而且完全改变了政治、宗教思想、艺术和哲学。牛顿不仅仅是最耀眼的科学家,而且是发展科学理论最具影响力的人物。因此,无论世界上最有影响力的人怎么排,他都可以排在第二名。同时,在思想上,牛顿从未盲目屈从于权威,不论是国王要求他在剑桥大学安插皇室成员,还是当时人们推崇的亚里士多德的世界观点,他从不轻言妥协。牛顿的思想对我们人类所产生最深远的影响应该是:质疑一切权力。

在机械学和实用科学领域,牛顿的定律至今依然得到广泛应用,空间科学就是其中一例。火箭将宇航员送入太空,在这种推动力的作用下,宇航员会进入绕地轨道。轨道的真正定义是什么？宇航员为何会体验到失重的感觉？人们往往有所误解。在地球引力的作用下,宇航员有向地球做加速运动的趋势,但是如果他们向前运动(沿地球表面一点的切向)的速度足够大,宇航员就会在保持高度不变的情况下继续绕地运动。他们始终处于自由落体运动状态(就像是在乘坐电梯时缆线突然断掉的情况),因此会体验到失重的感觉,但他们的前向速度表明他们从未真正靠近地球。牛顿的运动定律仍然为所需的相关运算提供必要的基础。

自1905年以来,爱因斯坦的相对论撼动了物理学的根本前提假说,推翻了牛顿建立的大部分科学体系。牛顿认为,宇宙的空间和时间都是绝对的,也就是说,空间和时间是固定不变的,所有的观察者都可以就两点间距离和事件经过的时间达成共识。从本质上讲,空间和时间都是行星和恒星运动的舞台。然而,爱因斯坦指出,宇宙的空间和时间受到存在于其中的物体的影响。这两个概念都是相对的,也就是说,不同观察者眼中的空间和时间有可能各不相同。爱因斯坦还提出了一个令人震惊的观点:在一艘飞速行驶的宇宙飞船上,时钟会慢下来,因为时间膨胀了。此外,万有引力也影响着空间和时间,在一个像地球这样的庞然大物附近,时间会慢下来。因此,放在高楼顶楼上的时钟要比放在一楼走得快(这不是时钟出了问题,而是因为时间本身发生了变化)。

爱因斯坦的物理学理论就这样推翻了牛顿的万有引力学说,这不仅表明利用牛顿的定律有时也会得到错误的答案(比如预测水星复杂的运行轨道),还说明牛顿学说的哲学基础与爱因斯坦南辕北辙。

不过,科学理论比较突出的一个特点是:即使我们清楚答案是错误的,我们有时还是要继续使用它作为近似值。如今,我们依然可以利用牛顿定律对地球上发生的几乎所有事件(即范围相对较小,运动速度相对较低时)进行准确预测。

恩格斯曾对牛顿作了高度的评价:“牛顿由于发现了万有引力定律而创立了科学的天文学,由于进行了光的分解而创立了科学的光学,由于创立了二项式定理和无限理论而创立了科学的数学,由于认识了力的本性而创立了科学的力学。”恩格斯的概括简洁、准确,正是这些辉煌的成就奠定了牛顿在自然科学史上无可替代的地位,也赢得了后人永久的敬重和仰慕。

文学作品中的牛顿

牛顿的形象在文学界推广了科学的影响力。诗人詹姆斯·汤普森的长诗《四季》最早发表于1726年至1730年，诗中将牛顿誉为英国伟人之一，赞美他的“纯智慧”（《大不列颠，欢呼吧！》），并描绘了夏日空气中含有肉眼看不见的微生物。汤普森关于光和色彩的诗句记录了牛顿的棱镜实验：

随着观察者手中的景象发生变化，旋动的色泽也颤抖地相继更迭。

牛顿同时代的小说《格列佛游记》则明显受到了牛顿及其思想的影响。作者斯威夫特生活的时代是由培根开创的实验科学和牛顿奠定的古典力学方兴未艾之际。他笔下的小人国和大人国虽是虚构的，但其居民身高分别是正常人类的1/12和12倍。那里的一切建筑和器物，都具有数学比例的准确性，全书结构匀称而明显，这都符合理性思维的要求。

《格列佛游记》这本书，可能你对这个书名还很生疏，不过你应该知道“YAHOO”（雅虎）吧，这个全世界闻名的网站的名字就来自《格列佛游记》一书。英国小说家斯威夫特的代表作《格列佛游记》是英国文学史上最优秀的讽刺小说之一，全书共分四卷，小说通过主人公英国外科医生格列佛周游“小人国”、“大人国”、“飞岛国”的奇遇，对18世纪前半期的英国进行了全面的讽刺和批判，抨击了当时的议会、司法等方面的黑暗，揭露了英国统治者的殖民政策，歌颂了劳动人民的反抗精神，具有鲜明的民主主义思想特色。

《格列佛游记》于1726年问世之后，立即震惊了当时的英国社会，也震动了世界文坛，出版后一星期，所有存书便被抢购一空。在伦敦，不论男女老幼，不论宫廷、官邸还是酒吧、小店，人人都在读这部书，到处都在议论这部书。自出版以来，它被翻译成数十种文字，成为世界各国文学爱好者的常备书，而书中的小人国和大人国的故事更是妇孺皆知。伏尔泰、拜伦、高尔基、鲁迅都非常推崇斯威夫特的这部作品，各国读者对于《格列佛游记》都给予了很高的评价。时过200多年，《格列佛游记》不仅没被世人遗忘，反而更为世界人民所重视，它的足迹遍及整个世界，在世界进步文学的行列中放出永恒的光辉。

《格列佛游记》是最早被介绍到中国的英国文学名著之一。1872年被译为《谈瀛小录》登载于《申报》，受到读者的广泛欢迎，甚至影响到后来《镜花缘》、《老残游记》等作品的创作。

《格列佛游记》不仅具有深刻的思想内容，而且具有比较完美的艺术形式。斯威夫特用自己独特的手法和巧妙的情节设置，刻画了当时英国的现实，他根据当时英国的现实创造出一个丰富多彩的、童话般的幻想世界。斯威夫特的幻想和现实是和谐的、统一的，格列佛在小人国、大人国、飞岛国、慧骃国的遭遇各不相同，但都安排得合情合理，毫无破绽。他每到一个幻想国度都受到不同的待遇，绘声绘色，使作品具有艺术的真实感，从而增加了作品的艺术感染力。

在该书中，对当时的现实有不少描写。比如对牛顿领导的皇家学会向公众做演示实验等活动。这些活动在当时受到一些人的嘲讽。乔纳森·斯威夫特在《格列佛游记》中讽刺了公众对科学的热情。书中相当有名的"国度"有小人国，具有人类理性思维的马匹统治的王国（人类在那里只是低贱卑微的下等公民）。在勒普泰岛的首府拉格多（Lagado），格列佛参观了"工程研究院"，那里的教授们正在忙于开展各项实验，比如从黄瓜中提取阳光。在晚餐时，端上桌的食物都被切成标准的几何形状："羊肩肉被切成等边三角形……仆人们将我们的面包切成圆锥体、圆柱体和平行四边形以及好几种其他数学图形。"

勒普泰岛上的居民曾经成功观测到93颗不同的彗星，他们都是一帮极其健忘滑稽、心不在焉的科学家。他们身边的仆人带着系在棍上的充气动物尿泡，里面装着干豆或小石子以防止其乱晃。当两位科学家准备彼此交谈时，仆人的任务是把尿泡放在说话人嘴旁轻轻放气，以提醒他开口说话，在听话人耳旁轻轻放气，以提醒他听对方说话。整座岛屿是飘浮在空中的，就像是牛顿所描绘的围绕行星运动的一颗卫星，勒普泰岛的运动受到巨大磁针的指引，这是嘲讽牛顿的万有引力定律。这部小说甚至还画了这座岛屿的示意图，刻意拙劣地模仿了当时的天文学图谱。

这部讽刺小说在一定程度上受到政治因素的作用。斯威夫特是保守党党员，而牛顿支持的是对立党派辉格党。在《格列佛游记》一书中，斯威夫特假想了主人公与亚里士多德的鬼魂对话的情景，作者假借亚里士多德的魂评价道："新的自然体系只不过是昙花一现的时髦事物，会随着年代的更替而变迁：即使是那些假装通过数学原理验证这一体系的人们也只会风光一时，绝不会流芳百世。"这句话显然针对的是牛顿。但是，牛顿的《自然哲学的数学原理》一书绝对不是昙花一现的所谓"时髦事物"。